GUIDA RAGIONATA ALL'UNIVERSO DI

ZEROCALCARE

ENCICLOPÆDIA CALCAREA

bao PUBLISHING

Testi e disegni di
Zerocalcare

Intervista a cura di
Michele Foschini

Cover design e impaginazione
Sara Bottaini

Supervisione
Michele Foschini

Proofreading
Francesco Savino, Leonardo Favia, Teresa de Pasquale e Vanessa Nascimbene

Volume stampato in scala di grigio per gli interni su carta Burgo Selena Green da 120 g/m^2.
Copertina stampata in quadricromia su carta Burgo Respecta Satin da 300 g/m^2.
Risguardi stampati in monocromia su carta Burgo Selena Green da 140 g/m^2.
Font dei testi a scorrere e delle didascalie: PT Sans e Oswald (Google Fonts).
Font del colophon: Divenire (C-A-S-T).

Stampato nel settembre 2023 presso ROTOLITO S.p.A., Pioltello (MI).

FSC
www.fsc.org
MISTO
Carta da fonti gestite in maniera responsabile
FSC® C005461

www.zerocalcare.net

bao PUBLISHING

Via Leopardi 8 – 20123 Milano
chiedi@baopublishing.it – www.baopublishing.it
Il logo di BAO Publishing è stato creato da Cliff Chiang.

ISBN: 978-88-3273-931-2
ISBN Variant: 978-88-3273-956-5
PRIMA EDIZIONE

INDICE

LA RAFFINAZIONE

NON SO QUANTI LE HANNO LETTE, E QUANTI CONSIDERAVANO L'OPERAZIONE CONTROVERSA.

(POI C'ERANO QUELLI SANI DE MENTE CHE A 40 ANNI I PUPAZZI NON SE LI COMPRANO.)

ERANO UN BOTTO, CIRCA SETTANTA.
(COME SA CHI SE LI COMPRÒ TUTTI.)
(E RELATIVE FAMIGLIE.)
I MIEI GENITORI HANNO DIVORZIATO PER COLPA TUA.
PAPÀ È FINITO A VENDERE LE UNGHIE, PER FINIRE LA COLLEZIONE.
(I SOLDI SO' ANDATI TUTTI BENEFIT COMUNQUE GIURO.)
E SICURAMENTE SCORRENDOLE QUALCUNO PENSERÀ:
MA MO' STO PERSONAGGIO CHI CAZZO È?
MA CHI CAZZO SE L'È MAI COPERTO.
A 'STO PUNTO METTICE PURE QUELLA DEL BANCO DEI FORMAGGI DEL TODIS, NO?
LA RISPOSTA A QUESTA CONSIDERAZIONE, CARO/A LETTORE/ICE, È INVERO COMPLESSA.
DICIAMO CHE 'STA ROBA COMPONE UNA MAPPA DI MOLTE DELLE PERSONE IMPORTANTI DELLA MIA VITA.
USO QUESTA PAROLA - VITA - PURE SE NEL MIO CASO DESIGNA UNA COSA AMBIGUA.
UNA COSA A CAVALLO TRA DUE UNIVERSI -
QUELLO DI CARNE -
E QUELLO DI CARTA.

QUINDI QUI CI SONO FIGURE CHE MAGARI HANNO AVUTO UN PESO ENORME NELLA MIA ESPERIENZA, MA POCHISSIME APPARIZIONI NEI FUMETTI.

OPPURE PERSONAGGI CHE NEI FUMETTI SONO DIVENTATI POPOLARISSIMI MA CHE NELLA VITA VERA NON SENTO QUASI MAI.

ECCO. SE UNO MI CHIEDESSE "A CHE SERVE QUESTO LIBRO?"...

...DIREI CHE SERVE A SBIRCIARE UN PROCESSO.

A GUARDARE IL MODO IN CUI SI SOVRAPPONGONO – O SI DISTANZIANO – LE FIGURE BIDIMENSIONALI DEI FUMETTI E LE PERSONE CHE CI STANNO DIETRO.

(SPERO DI AVERGLI PURE RESTITUITO QUALCOSA.)

CONTINUA NELL'EPILOGO.

ZEROCALCARE

/ze·ro·cal·ca·re/

{**1.** Fumettista. Umano problematico. Rebibbia (Roma) è la base delle sue operazioni. A volte si spinge un po' più in là, ma se può limitarsi al CAP 00156 è meglio. Nei suoi fumetti si rappresenta come una versione stilizzata del suo reale aspetto. **2.** Disegna velocissimo, prova sensi di colpa per qualunque cosa. **3.** Non sempre fa la cosa giusta, ma quando la fa si sente in colpa lo stesso. Rosicone.}

~prima apparizione:
La profezia dell'armadillo (2012)

v la primissima versione di Zerocalcare,
da una stesura primordiale de *La profezia dell'armadillo* rimasta inedita

Zero racconta Calcare, l'autore racconta il personaggio e il personaggio racconta l'autore. Ecco perché la prima domanda non può che essere questa: com'era il personaggio di Zerocalcare dieci anni fa e cos'è diventato oggi?

Era un venticinquenne (il personaggio apparso editorialmente in realtà è "retrodatato" di un paio d'anni, nel senso che le prime cose pubblicate erano state disegnate fino a un paio di anni prima) che viveva in un bilocale angusto, passava il tempo a

tradurre documentari di caccia e pesca e il disegno ricopriva un ruolo molto marginale nella sua vita. Nei fumetti non lo si vede quasi mai disegnare, ogni tanto va a fare degli storyboard in uno studio di animazione, come lavoro saltuario e mai costante. Ed è circondato da gente che si deve laureare e non trova una collocazione nella vita.

Oggi è un personaggio evidentemente subissato dal lavoro, che parla ossessivamente di quanti accolli gli piombano tra capo e collo, con un cast intorno che invecchia, si sposa e si riproduce.

Ti ricordi quando hai inventato l'aspetto del tuo personaggio, e come sei arrivato a quella sintesi della tua persona?

Prima ho provato ad addizionare su un singolo personaggio quelli che erano i miei "difetti" riconoscibili: il setto deviato, il diastema, la postura gobba, le sopracciglione... Alla fine, anche per via dei codici stessi del fumetto, risultava una specie di mostro deforme e inguardabile, eccessivo pure per me che sarò pure un mostriciattolo sgraziato però ecco, lì stavamo proprio nel campo di Elephant Man. Così ho deciso di tenere solo alcuni elementi, più sintetici, e al tempo stesso di ammorbidire il segno e la figura in modo da renderlo più "malleabile", in modo che fosse più facile per me farlo recitare. Ho anche eliminato tutto quello che me lo faceva diventare difficile e legnoso, a partire dalle giunture, gomiti e ginocchia, e ho optato per una fisionomia "tira e molla".

Secondo te com'è che un personaggio così specifico, così idiosincratico, così poco universale, suscita così tanta empatia e vicinanza nei tuoi lettori?

Mi pare che la narrazione, e soprattutto l'autonarrazione, usi personaggi con delle caratteristiche quasi sempre molto nette: quello generoso e sensibile che ti fa commuovere per il suo buon cuore, quello stronzo e irriverente, quello tutto d'un pezzo, quello fragile e nevrotico... dei blocchi monolitici a cui aderire completamente. Però nessuno è veramente così nel suo privato, siamo tutti un mostro di Frankenstein, risultato di tanti aspetti diversi incollati tra loro. Io nei fumetti provo ad articolare questi aspetti: non è che nascondo di essere un cane sociopatico inospitale, o di avere pensieri gretti e meschini, o le insicurezze di un dodicenne complessato. Però cerco di raccontare anche gli altri lati, in lotta tra loro, e di rappresentare tutti i percorsi mentali che mi portano ad agire o a pensare in un certo modo. Ci sono persone che magari hanno preso percorsi diversi, a seconda dei loro strumenti, ma si riconoscono in quella domanda iniziale. O almeno questa è la risposta che mi sono dato io, dopo dieci anni di pippe mentali.

^ da *La profezia dell'armadillo*

QUANDO HO INIZIATO A DISEGNARMI, HO CONSIDERATO GLI ELEMENTI FONDAMENTALI:
NASO UN PO' COSÌ.
(SETTO ROTTO DA RAGAZZINO.)
SOPRACCIGLIONI ALL'INGIÙ.
OCCHI INFOSSATI CON LE CIGLIA LUNGHE.
SPAZIO IN MEZZO AI DENTI COME MADONNA.
RUGHE AI LATI DELLA BOCCA COME MEL GIBSON.
POI.
MM.
TESTA PIATTA E DRITTA DIETRO.
90°
(COME GLI SLAVI SECONDO IL MEIN KAMPF.)
MM. PURE UN PO' DI GOBBA. E DI PELI SUL COLLO.
IMPORTANTE.
90°
SENNÓ MI ACCUSANO DI ABBELLIRMI PER RIMORCHIARE.
ONTA, SQUALLORE E PERDITA DI DIGNITÀ.
ERA FATTA.
AVEVO IL PERSONAGGIO PERFETTO.
BASTARDI.
NON MI AVRETE MAI.
PER LE ROCAMBOLESCHE AVVENTURE DEL PELOSO GOBBO DEFORMATO.
CAPITOLO UNO:
FUGA DAL COTTOLENGO
PER TUTTE LE ALTRE STORIE DI VITA QUOTIDIANA PERÒ HO DOVUTO OPERARE UNA SINTESI CHE MI FACESSE SEMBRARE NORMOMORFO.
BRAVO, HAI TENUTO LA GOBBA DA AVVOLTOIO E I PELI SUL COLLO.
LA CODA DI PAGLIA È PIÙ FORTE DI QUALSIASI ISTINTO UMANO.

Continuerai sempre ad adeguare il tuo personaggio al tuo aspetto, con il passare del tempo, o pensi che a una certa età lo "cristallizzerai" e da quel momento in avanti resterà sempre uguale?

L'unica cosa che ho capito con esattezza in questi anni è che non posso disegnare un personaggio cristallizzato, non sono capace di fare tipo i Peanuts. Per continuare a raccontare devo attingere al mio presente, e mi sento ridicolo a disegnare un personaggio che inizia a parlare di genitorialità, di vecchiaia, e che rimane identico a quando parlava di lauree e fuorisede. Il problema è sempre quello: nei fumetti i marker dell'invecchiamento sono sempre complicati da usare, basta un segno a mo' di ruga sul viso e un personaggio ventenne diventa automaticamente sessantenne, la mezza età è molto difficile da rappresentare, specie con il mio stile. Poi chiaramente il problema di questo approccio è che o speri che i lettori invecchino con te e continuino a leggerti, oppure in effetti non si capisce perché un ragazzino dovrebbe comprarsi le storie di un settantenne che racconta della prostata. La mia unica speranza è che quella cosa che racconto sempre sia vera e non solo un bluff: che il minimo comune denominatore tra me e i lettori miei non sia anagrafico, ma riguardi gli impicci che abbiamo in testa, che ci permettono di riconoscerci tra simili a 14 come a 90 anni.

> da *Macerie prime - Sei mesi dopo*

IL CASCHETTO DI FINE ANNI NOVANTA

"PERCHÉ NON TI TAGLI I CAPELLI? NON TI VANNO DAVANTI AGLI OCCHI?"

CON RISULTATI ALTALENANTI.

Il tuo personaggio ha sempre avuto la maglietta con il teschio? Per te è una generica maglietta punk. Quanto è importante ribadire la tua appartenenza a quella specifica tribù, quando ti disegni?
La maglietta con il teschio c'è sempre stata, perché è proprio la sintesi di tutte le magliette dei gruppi punk, che sono quasi sempre nere e con qualche teschio infilato da qualche parte. Nella mia testa serviva a caratterizzare il personaggio come a dire "questo non è un venticinquenne qualsiasi, questo è uno che se lo incontri per strada capisci a quale tribù appartiene". In realtà però tutti hanno pensato che fosse la maglietta del Punitore, e quindi hanno pensato che la mia tribù di appartenenza fosse quella dei nerd reazionari che fanno i sogni bagnati su come sparerebbero a tutti per vendetta, così è stato un discreto fallimento.

Il te adolescente volava basso e non si faceva notare, o aveva la tendenza a rendersi ridicolo pubblicamente?
Io ero un pischello silenzioso, mi facevo gli affari miei, non rompevo il cazzo al prossimo. Me ne stavo con i capelli davanti agli occhi e le cuffie nelle orecchie. Poi a un certo punto, però, anche se il mio atteggiamento era rimasto lo stesso, la scoperta del punk mi faceva andare in giro in modi che oggi farebbero scuotere la testa pure a Lady Gaga. Una specie di cresta rasta rossa orrenda, borchie insensate ovunque, magliette a mani-

> da *Un polpo alla gola*

che corte strappate sopra a magliette a maniche lunghe, boh... tutte cose che in quel momento mi parevano irrinunciabili per dire alla maggior parte delle persone che mi stavano intorno: "Io non c'entro un cazzo con voi."

Per quanto tempo l'hai portata, quella cresta rossa in testa? Da che età a che età? E in che modo ti rappresentava, ai tempi?
Ho avuto una serie di capelli orrendi in rapida successione. A quindici anni sono andato in fissa con i Metallica e me li sono fatti crescere, poi intorno ai sedici avevo questa massa di capelli che non corrispondeva più ai miei ascolti, perché intanto avevo scoperto il punk, quindi non sapendo che fare con quel parruccone l'ho distrutto facendo dei dread, che ho tenuto giusto il tempo di rasarli e lasciare una striscia di dread rossi al centro. Una cosa abbastanza agghiacciante, che ho rapidamente abiurato lasciando questa cresta sciolta disordinata. Devo dire che non stava su fiera come la disegno nei fumetti, sembrava più che altro un ciuffone, perché non l'ho mai tenuta su con la colla di pesce come andrebbe fatto, poiché considero il pesce e tutti i suoi derivati un abominio. L'ho portata tra i diciotto e i diciannove anni, il tempo di essere bocciato cinque volte a scuola guida, finché non ho capito che con quei capelli la patente non me l'avrebbero mai data.

> da *Ogni maledetto lunedì su due*

I CAPELLI DELLA MENZOGNA

NELLA SINTESI FUMETTISTICA, I CAPELLI DEL MIO PERSONAGGIO PASSANO CRONOLOGICAMENTE

DA COSÌ

RAGAZZINO OASIS

A COSÌ.

ADOLESCENTE PUNK

EBBENE È UNA SORDIDA MENZOGNA.

E POI BASTA. INVERO QUELLA BELLA CRESTA ALL'INSÙ DEI FUMETTI È UN FALSO STORICO. LO DICHIARO QUI PRIMA CHE QUALCUNO MI RICATTI CON LE FOTO D'EPOCA.

Nelle prime fasi della tua carriera, ti disegnavi in quel modo quando volevi ricordare eventi specifici, come il G8 di Genova del 2001. Negli ultimi anni, però, quella fase della tua vita è diventata più presente, nella tua narrazione. Nel 2020 è uscito *Scheletri,* largamente ambientato negli "anni della cresta". Caratterialmente, com'eri diverso da ora?

Ero per certi versi più scemo e per altri più intelligente. Più scemo perché molto più ingenuo, convinto di poter reggere una guerra con il resto del mondo, e che questa guerra si facesse a suon di creste rosse e cinture borchiate. E che fosse anche una guerra equilibrata, in cui potevamo giocarcela, che è lo spirito con cui sono andato al G8 di Genova. Più intelligente perché leggevo di più, cose più complicate, cioè stavo proprio in una fase positivista di fiducia nel progresso e nella crescita personale attraverso la cultura. Poi mi sono abbrutito, sono diventato più cinico ed è arrivato l'analfabetismo di ritorno.

Secondo te aver cambiato look, a favore di una più sobria rasatura corta, è stato un vero rito di passaggio, o invece hai cambiato l'apparenza, e poi ti sei dovuto affannare per adeguare la sostanza?

In realtà la rasatura rimaneva tutta interna alla tribù del punk. Alla fine eravamo più o meno tutti rasati o crestati, quindi anche se da fuori poteva sembrare una "normalizzazione", in verità rimanevo in continuità con il mio mondo. Ovviamente dall'esterno sembrava un cambiamento gigante, mi apriva un sacco di porte lavorative e soprattutto mi levava di torno quei

< da *Scheletri*

riflettori ostili che sentivo puntati addosso 24 ore al giorno. Lo dico senza lamento e senza giudizio, ma Roma è così: quello che è eccentrico irrita, urta. Se sei strano, alla gente gli stai sul cazzo. Quindi o sei capace a menare – e allora in qualche modo ti rispettano, perché se sei capace di difendere il tuo aspetto eccentrico a cazzotti, allora nessuno ha nulla da eccepire – oppure diventi l'ultimo anello della catena alimentare.

Secondo te ci sono persone che hanno passato indenni l'adolescenza, ovvero che non ne sono uscite sbandando radicalmente dai loro progetti di vita, e sono diventate qualcosa che non avevano mai previsto negli anni dell'acne giovanile?

Io credo che possiamo giudicare le vite altrui solo in modo molto superficiale: per dire, io conosco molte persone che hanno avuto uno sbandamento adolescenziale assolutamente contenuto, che magari si esprimevano bevendo un po' di più in discoteca il sabato sera o fumando le sigarette di nascosto, e magari da fuori sembra che la loro esistenza tutto sommato abbia seguito un percorso lineare.

Però non sappiamo mai fino in fondo che tempesta hanno avuto dentro, cosa si è spezzato o rivoltato. Dico questa cosa da benevolo democristiano, perché mi è capitato di aver bollato con superficialità un mio compagno di scuola come un figlio di papà viziato che non aveva mai avuto un intoppo nella strada tutta in discesa della vita sua. E poi subito dopo la fine della scuola invece si è sparato in bocca. Da allora sono un tantinello più cauto nei giudizi sulla serenità o sui tormenti altrui

v da *Dimentica il mio nome*

In *Dimentica il mio nome,* compare il Pisolone, giocattolo cui attribuisci dapprima una valenza di protezione, poi di ottundimento dei sensi (e del senso critico) e alla fine si trasforma nell'oppressione della società del controllo. Quindi per te la perdita dell'innocenza a favore di una maggiore consapevolezza è, in fin dei conti, una cosa buona?

Oddio, una cosa buona non lo so, nel senso che secondo me chi campa meglio di tutti a questo mondo sono gli scemi che non si accorgono di nulla. La consapevolezza senza gli strumenti per cambiare le cose ti fa vivere solo di merda e frustrato. Però in astratto sì, credo che l'innocenza sia un valore fino a un certo punto, c'è un momento in cui il mondo ti chiede di "sporcarti le mani" e di affrontare le contraddizioni, e rifugiarsi nell'innocenza a volte è pure un alibi per non vedere le cose brutte e non prendere posizione.

^ da *Un polpo alla gola*

Come si fa a non perdere la tenerezza dell'infanzia, quella che ci fa pensare bene del Pisolone, ma allo stesso tempo a sviluppare un sano senso critico, secondo te? Perché la stessa società del controllo che paventi nel libro non ci tiene a dare alla gente informazioni chiare e precise, mi pare. Diventare un faggiano o un bambacione mi paiono eventualità molto probabili, se non si "esce dal Pisolone".

Booooh... io comunque premetto sempre che sto allo sbando, nel senso che ho qualche barlume di senso critico, ma poi comunque fatico a uscire dalla condizione di faggiano e di bambacione, anche perché tutte le pippe mentali che mi faccio per cercare di stare al mondo (e nel mio mestiere) in una forma etica e consapevole in realtà spesso vengono usate dagli altri per fregarmi meglio, quindi non sono davvero la persona giusta per dare consigli.

SE L'ADORABILE FANCIULLO CHE ERO MI INCONTRASSE OGGI

"ALLORA AMORE TI PIACE IL PISOLONE CHE TI HA PRESO MAMMA?
ORA SEI COME LUI..."
RHAAHAHARH
RRHAAAAH
NONNA HA LA RAUCEDINE EH
RHRRHH
MA LO FATE DORMÌ PER TERRA A QUEL CRIATURO?
NON CE STANNO I BACAROZZI?
AMO PULITO, VENIVANO PE' LE BRICIOLE SOTTO
"...COME IL BAMBINO DELLA PUBBLICITÀ..."
RRRHAARH

Una volta hai detto che avresti passato volentieri le vacanze estive in un certo hotel di Bologna, perché non avevi mai dormito così bene. Se dovessi fare una lista dei tre posti dove hai dormito meglio e peggio in vita tua cosa sceglieresti?
A tre posti dove ho dormito bene non ci arrivo, negli ultimi dieci anni. Sicuramente quell'albergo di Bologna, perché era come se mi sentissi sollevato da qualsiasi obbligo, non avevo nemmeno il treno la mattina dopo. E il pavimento della moschea su cui dormivamo in Kurdistan, perché c'erano talmente tante cose più grandi di me che stavano succedendo in quel punto del mondo, che tutti i miei pensieri erano microscopici. Mai dormito così bene. Posti dove ho dormito peggio: tutte le volte che parto e mi scordo il Kindle a Roma. Senza quella lettura serale (retroilluminata, che mi consente di leggere mentre le luci della camera sono spente), io so che passerò la notte in bianco. E ogni volta che ci sta qualcuno che russa nella stessa camera. Recentemente mi hanno messo a dormire con un mio amico che faceva tutti i rumori dell'accoppiamento e poi della morte per soffocamento del dio cinghiale di Miyazaki. Stavo come Jack Nicholson in *Shining*.

^ da *Dimentica il mio nome*

Secondo te come si fa a trovare un equilibrio tra le ore di lavoro e il resto della vita? E perché non ci stiamo riuscendo? (Chiedo per un amico.)

Temo di non essere la persona giusta per rispondere. Però va detto che secondo me il fumettista, proprio per com'è strutturato il mercato, non è un mestiere da mezze misure. Nel senso che la maggior parte di chi riesce a farlo a ritmi umani, di fatto si procura il reddito in un altro modo: fa il grafico, l'illustratore, insomma fa altro (o non fa niente, se c'ha qualcuno che lo mantiene) e poi fa i fumetti per passione o per sfizio o per arrotondare. Se invece vuoi fare solo i fumetti e ci vuoi campare, devi per forza spingere al massimo.

Oppure è tutta una balla che mi ripeto per dare un senso alla vita arida che sto conducendo, chissà.

Tu sei un individuo più diurno o notturno, per tua natura?
Io sono un individuo tutto, nel senso che sono un insonne cronico e quindi non riesco a dormire di sera, ma ancor meno di giorno, trascino le mie stanche membra come uno zombi a qualsiasi ora. Non fa sostanzialmente differenza, posso lavorare alle sette di mattina e andare a fare merenda a mezzanotte, sempre macilento e barcollante sarò.

Sei di quelli che appena sveglio è meglio lasciarli in pace, o ti svegli più o meno attivo e pimpante?
Sono di quelli pieni di complessi che non vogliono parlare se non si sono prima lavati i denti.
Insomma non mi piace relazionarmi ad altri esseri umani se non ho il pieno controllo delle mie condizioni.

^ da *Ogni maledetto lunedì su due*

È vero che quando sei in Medio Oriente dormi meglio che a casa? Perché?
Era vero la prima volta che sono andato. Non so perché, mi sembrava che tutte le preoccupazioni che mi tenevano sveglio a Roma improvvisamente svanissero rispetto all'enormità di quello che stavo attraversando. Alle porte di Kobane dormivo come un bambino, anche se stavo in mezzo a decine di perso-

∨ da *Kobane Calling*

ne che russavano come cinghiali e una puzza di piedi che non potrei paragonare a nulla di annusato in vita mia. Poi non lo so che è successo, si è rotto qualcosa. O mi sono assuefatto agli scenari di guerra, per cui continuano a farmi paura, ma non mi conciliano più il sonno, oppure il problema sta nella quantità di persone con cui dormivo. Dormire con trenta persone che russano significa un frastuono indistinto. Dormire con uno solo, che russa come un trattore tipo Manolo – quello di *No sleep till Shengal* – significa concentrarsi su quell'unico suono ossessivo. E impazzire.

∧ da *Ogni maledetto lunedì su due*

LAVORI MEGLIO DI GIORNO O DI NOTTE?

LA SCELTA DELLA META

"Io penso che tra chi chiede una casa o una vita dignitosa in Italia e chi si rivoltava contro i regimi nelle primavere arabe ci sono molti più punti di contatto che 'scontri di civiltà'."

v da *Kobane Calling*

Assorbire un punto di vista socio-politico completamente diverso dal tuo ti rimette in prospettiva i problemi di casa? Cosa cambia nel tuo modo di percepire le tensioni sociali, dopo certi viaggi?

Per certi versi mi rimette in prospettiva e ridimensiona i miei guai personali, ma non è che mi porta a sminuire le storture o le tensioni del posto in cui abito. Nel senso che è vero che non abbiamo bande di tagliagole che ci ammazzano nel sonno, ma al di là del dato emergenziale o efferato, uno scopre che, anche nei posti che ti sembrano più lontani culturalmente, alla fine l'essere umano vuole sempre la stessa cosa: campare serenamente, non essere eccessivamente sfruttato, poter seguire le proprie inclinazioni.

Una volta hai scritto che non ti va di fare niente, ma se non fai niente ti viene l'angoscia. Perché?
Un po' perché ho dimenticato com'era stare senza nulla da fare: in questi anni, quando stavo senza fare niente, mi vivevo sempre il senso di colpa in un angolo del cervello, perché sapevo che avevo comunque degli arretrati che mi aspettavano. Ma, più in generale, in questi anni mi sono concentrato così tanto sul lavoro che, se mi fermo, devo per forza guardare al resto della mia vita, che ho lasciato completamente allo sbando. E sono mostri da affrontare decisamente più grandi delle tavole da consegnare.

^ da *La scuola di pizze in faccia del professor Calcare*

Ti sei mai rifiutato di disegnare qualcosa che ti era stato chiesto, quando riguardava il tuo personaggio?
Mi sono rifiutato di far dire al mio personaggio cose abiette che i genitori volevano dire ai figli, tipo "Basta videogiochi, studia!" di disegnarlo mentre copula con una persona lì presente, di farlo tifare per la Lazio.

"CIAO COSA TI DISEGNO?"

Ti sei accorto che quando ti disegni molto anziano, nelle scene che riguardano un futuro ipotetico, sei sempre in una versione quasi post apocalittica? Vuoi forse implicitamente dire che invecchiare è una tragedia?

Madonna, io ho un rapporto terribile con l'invecchiamento, passo il tempo a fare il conto di quanti anni mi restano, di che percentuale di vita ho già vissuto, di cosa posso ragionevolmente pensare di fare nel tempo che avanza... e il fisico è un promemoria costante, i capelli bianchi, le rughe, non ne faccio un problema estetico, è proprio che sento quel TIC TAC. Paradossalmente il fatto di disegnarmi in un mondo post-apocalittico, con una benda sull'occhio, è un modo per augurarmi di avere vissuto un tempo pieno di cose.

"Se penso di morire uguale ad adesso, solo più bolso e rugoso e con internet che magari va più veloce e della musica ancora più di merda, allora tanto vale che m'ammazzo subito."

In *A Babbo Morto* racconti il Natale attraverso una tua personalissima chiave di lettura. Come lo vivevi da bambino, e come è cambiato il tuo rapporto con questa festa diventando adulto prima, e famoso poi?

Da figlio di separati ho sempre avuto il doppio pasto, 24 sera da famiglia materna e 25 da quella paterna. Da bambino era una prova di resistenza: mi parcheggiavo in apnea da una parte e aspettavo che arrivasse il momento in cui finivamo di mangiare, scartavamo i regali e potevo finalmente tornare a casa mia. In età adulta ho avuto una breve finestra in cui questa cosa era quasi gestibile: avevo imparato a convivere con il prossimo, a fare due chiacchiere di circostanza... mo' non dico che era divertentissimo, però era accettabile. Poi è riprecipitato tutto, è arrivata la stagione dei disegnetti e ogni parente si portava i libri che gli avevano dato amici e colleghi che sapevano che

avrebbe passato il Natale con me, con la preghiera di riportarglieli firmati e con disegnetto. Praticamente gli ultimi anni li ho passati in uno stanzino a fare disegni come a un firmacopie, mentre gli altri in salone mangiavano e ridevano. Poi per fortuna è arrivato il Covid.

Secondo te Babbo Natale è un simbolo positivo o, come sostengono alcuni membri del clero, favorisce i bambini abbienti, a scapito dei figli del proletariato?
Devo dire che da bambino privilegiato che scartava i regali sotto l'albero il 25 mattina non mi sono mai posto il problema, per me era più che altro un problema teologico devastante: questa cosa che esisteva solo se ci credevo, e se smettevo di crederci cessava di esistere, mi trasformava nell'assassino di Babbo Natale... Insomma, bel costume, bella invenzione, bella favola, bello tutto, ma possibile che nessuno si è inventato un modo per aiutare i ragazzini paranoici a metabolizzarlo e superarlo senza orribili traumi?

Parliamo di una versione di te stesso che di tanto in tanto ti diverti a usare, la figura del professor Calcare. Ce ne racconti la genesi?

Il fatto di usare l'espressione saputella e gli occhialini nei disegni risale a molto tempo fa, praticamente il momento "spiegone" dei fumetti l'ho sempre interpretato così. A un certo punto però la questione si è standardizzata: ho vestito il personaggio in maniera più elegante e gli ho dato il nome di Goffredo Calcare nel momento in cui ho dovuto mettermi a fare sistematicamente le recensioni dei film della Mostra del Cinema di Venezia, a cui mi spediva Best Movie. L'ho fatto per farlo somigliare di più agli altri critici del settore.

Secondo te gli intellettuali formatisi nel Novecento come vedono il fatto che ormai quelli come te sono considerati autori a tutti gli effetti, e non simpatici guitti dediti al mero intrattenimento?

In verità secondo me esiste una sensibilità molto frastagliata. Ci sono ovviamente quelli che ti considerano uno che fa le cose per bambini o per adulti svantaggiati, e quindi ritengono abusivo qualsiasi accostamento del termine autore alla professione del fumettista. Poi ci sono quelli che invece ne sono eccessivamente entusiasti, con l'atteggiamento dei naturalisti che portavano la scimmia gigante della giungla nella civiltà per esporla al pubblico meravigliato che non l'aveva mai vista. Per fortuna ci sono anche le persone normali che riconoscono il nostro lavoro, ne vedono peculiarità e limiti, e hanno un atteggiamento equilibrato (a volte amichevole a volte meno,

^ da *La scuola di pizze in faccia del professor Calcare*

QUANDO IL NATALE HA INIZIATO A SPACCARMI IL CAZZO

FREQUENTLY ASKED QUESTION

Molti chiedono: Ma Goffredo come QUEL Goffredo, il famoso critico che ti scriveva raffinati e complicati articoli contro?

...

STO IN LISTA PER UN TRAPIANTO DI LINGUA AL SAN CAMILLO.

ma insomma) come si farebbe con chiunque. Credo che tutto dipenda molto dal rapporto che queste figure hanno con loro stesse, quanto sentono di dover affermare una certa gerarchia intellettuale e quanto si sentano "stocazzo".

Il professor Calcare è un po' il tuo Pico De Paperis. Come ci si mette in salvo dalla tentazione di improvvisarsi tuttologi, al giorno d'oggi?

Io lo uso sempre in modo ironico, ma riguardo ai temi su cui esprimermi ho una policy piuttosto rigida, in realtà. Secondo me uno dovrebbe parlare delle cose che segue. Ho scelto il verbo "seguire" dopo una mediazione di anni: prima dicevo "delle cose che vive", poi mi sono reso conto che era eccessivamente escludente. Però intendo "seguire" in un modo preciso. Non si segue una cosa leggendo ogni tanto un articolo in rete. La si segue dandole attenzione con continuità, confrontandosi con gli altri, riflettendoci, mettendo a verifica, partecipando, e quindi vivendola. Cioè rendendola quanto più possibile parte della propria esperienza stabile. L'esatto contrario dell'opinionismo e delle rubriche tipo "Un pensierino al giorno". Anche solo il tempo che richiede la cura di ogni argomento impone una selezione e mette al riparo dalla tuttologia. Cosa che peraltro significa liberare spazio per altre voci che magari sono più competenti su quel tema a cui tu non riesci a dare la sufficiente attenzione.

> da *La scuola di pizze in faccia del professor Calcare*

La tua versione "Rivoluzione industriale" risale alla storia "Il castello di cartone", in *Niente di nuovo sul fronte di Rebibbia*. Davvero ti manda ai matti che la gente "normale" si prenda il weekend e i ponti festivi di libertà mentre tu, quando stai lavorando a un progetto cui tieni, non conosci orari o festività?

Mi manda ai matti totale, ma vorrei scrivere a caratteri cubitali che HANNO RAGIONE LORO. Il senso della vita è quello di campare bene, soddisfatti e in pace con i propri affetti, suppongo. Quindi è giusto dare priorità a queste cose anziché al lavoro. Ma io non sono capace. Un po' perché il lavoro mio è intrinsecamente connesso alle mie passioni, in un modo ormai contorto e malato, forse, ma che rende molto difficile distinguere i piani. E un po' perché sennò devo pensare al resto della mia vita che è il disastro post-apocalittico.

Come mai sei così esigente con te stesso e così privo di compromessi, quando lavori a un progetto?

Perché è la faccia mia. È letteralmente la faccia mia, perché sono stato così scemo da dare al personaggio il mio nome e le mie fattezze, quindi qualsiasi cosa non funziona non solo è colpa mia, ma il giudizio sull'opera, sull'autore e sulla persona si fondono insieme. Io non posso proprio fare una cosa di merda e poi fare finta di niente. Poi magari una cosa esce brutta lo stesso, ma per quanto possibile devo scongiurare la *débacle*.

> da *Niente di nuovo sul fronte di Rebibbia*

LAVORA, ACCIDIOSO CALCARE!
VOGLIO PIÙ SUDORE! PIÙ SANGUE!
SCUSI PADRON CALCARE.
MA SCUSI COSA?? RIBELLATI MOLLUSCO SMIDOLLATO!
FAI VALERE I TUOI DIRITTI!
NON OSTACOLARE IL SACRO FUOCO INFEDELE CALCARE SENZ'ANIMA.
VAFFANCULO CRUMIRO CALCARE.

"NON TI PARE CHE NEI FUMETTI USI UN PO' TROPPO SPESSO QUELL'ESPRESSIONE CON GLI OCCHI BIANCHI E LIQUIDI?"

UN. PO'. TROPPO.

Per te la sindrome dell'impostore è una tipologia di senso di colpa? Ti è passata, nel corso degli anni? Ti sei reso conto che forse ti stavi preoccupando troppo?

In realtà la sindrome dell'impostore l'ho scorporata. La parte che mi faceva sentire in colpa verso le persone a cui voglio bene che magari sono più brave e intelligenti di me, ma non trovano un posto nel mondo, quella ce l'ho ancora. Cerco di non pensarci, ma quando c'è qualcosa che mi inchioda a questo fatto, che mi impedisce di guardare altrove, rimane una cosa che mi devasta.

Invece la parte che riguarda il mondo esterno, quello che potrebbe accorgersi che alla fine sono una mezza pippa e non mi merito tutto 'sto successo, in effetti mi è un po' passata. Ma non perché io adesso ritenga di essere bravo, semmai perché frequentando questo pezzo di mondo mi sono accorto che sono quasi tutti dei cialtroni che navigano a vista e in più si sentono "stocazzo". Quindi, insomma, non è che sono peggio di loro.

L'horror vacui ti piglia mai quando qualcuno dice qualcosa di tanto sciocco e aberrante che non pensi sia più possibile far proseguire la conversazione senza cadere a pie' pari nell'assurdo?

Sì, devo dire che le mie interazioni umane extralavorative sono veramente rarefatte ma, durante i firmacopie, nel tempo dei disegnetti, mi capita di incontrare tantissime persone, una umanità varia che copre più o meno tutto il catalogo delle stranezze, e ogni tanto ce ne sta uno che mi lascia proprio senza parole. Prima mi chiedo: "Ma nel mondo vero, fuori dalle fiere di fumetti, questi come

< da *L'elenco telefonico degli accolli*

si collocano? Come lavorano, come si relazionano con gli altri?" Subito dopo penso: "E io sono il loro giullare, quello che invecchia in mezzo a loro lavorando per loro, passando tutta la vita a prendere ordinazioni di disegni da fare per loro." E assumo esattamente l'espressione del pupazzetto.

Ti capita mai di pensare alla morte?
Sì, in realtà penso continuamente alla morte, mia e degli altri. Credo di averlo ereditato da mio padre che, per qualsiasi acquisto che fa, dal giornale in edicola a quando cambia la macchina, ripete: "Questo quando muoio rimane a te." Io invece vivo facendo i conti, pure articolati, tipo: "Tra lo stesso numero di anni trascorsi dal G8 di Genova (che mi sembrano un battito di ciglia), tu avrai sessant'anni, caro Michele. E tra il doppio di quegli anni, sarai morto, o desidererai esserlo. E poi tutto andrà avanti per sempre, cloneranno i dinosauri, incontreranno gli alieni, viaggeranno nel tempo, tutti i vivi vedranno queste cose e tu non le vedrai mai e non tornerai mai più."

"Nel tempo ho accumulato una lunga lista di scommesse potenzialmente mortali fatte in assoluta inconsapevolezza con Secco, per le quali non mi spiego come possiamo ancora essere più o meno incolumi."

Hai mai rischiato la vita in un modo assolutamente ridicolo?
Ho rischiato centinaia di volte la vita in modo ridicolo, da quando mi sono quasi dissanguato tagliandomi la lingua mentre leccavo la pellicola dello yogurt, a quando sono saltato dalla portafinestra del secondo piano di un palazzo in costruzione di notte, convinto che fosse l'uscita al piano terra, scappando dal custode che ci inseguiva perché avevamo disegnato un cane storto a bomboletta sul muro.

"E DA PICCOLO PURE AVEVI I SENSI DI COLPA?"

SE IL POLPO ALLA GOLA NON FOSSE METAFORICO, MA FOSSE UN POLPO VERO INTORNO AL COLLO, PROBABILMENTE A DODICI ANNI IO STAVO COSÌ.

Che tipo di infanzia hai avuto? Nei tuoi racconti, la tua voce fanciullesca è cinica come il tuo avatar di narratore. È un vezzo letterario, o eri davvero un bambino vecchio, tipo Little Father Time di *Jude L'Oscuro?*

Ho avuto quella che si chiamerebbe un'infanzia "felice", nel senso che non mi è mai mancato nulla e la mia vita non è stata funestata da particolari drammi o lutti. Eppure se provo a calarmi nei panni di quel bambino mi ricordo una quotidianità piena di subbugli e di tormenti, quindi ne deduco che quel mio sentirmi fuori posto me lo porto dietro praticamente da sempre. Però ricordo che ero molto più intelligente di adesso, parlavo meglio, leggevo cose più elaborate. Credo di aver letto Tolkien in quinta elementare, tipo. Mi sono istupidito dopo i diciotto anni, quando ho smesso di andare a scuola.

Comunque a cinque anni, dopo che mia madre mi lasciò con mia cugina sedicenne a farmi da baby sitter, la sera quando rientrò dal lavoro ricordo di averla presa da parte e di averle detto: "Senti, io non posso passare tutti i pomeriggi a fare da balia a mia cugina, dille che quando mi chiudo in camera lei si trovi qualcos'altro da fare."

v da *Un polpo alla gola*

In che modo è cambiato il tuo carattere, tra l'infanzia e l'inizio dell'età adulta? Quali tratti della tua personalità potresti plausibilmente attribuire allo Zero bambino, ma non più alla sua controparte adulta?
Credo di essere cambiato molto poco, in realtà, mi sembra che sta tutto ancora lì, le cose belle e le cose brutte, semplicemente affievolite. Da ragazzino tutte le emozioni erano amplificate, mi scoppiava il petto per ogni cosa. Adesso si è tutto un po' stabilizzato dentro dei margini ragionevoli, che è un po' triste. Ma forse me la sono tirata da solo. Mi sono tatuato una frase salomonica, "This too shall pass", "Pure questa passerà", come incoraggiamento a rimanere saldo nei momenti di difficoltà, perché sono passeggeri. Ma in verità quella frase nella sua concezione originale valeva in entrambe le direzioni: era un invito a rimanere impassibili sia nelle cose brutte che in quelle buone, non cedere né alla disperazione né all'entusiasmo, perché tanto tutto è passeggero. Praticamente l'auspicio di un'apatica vita di merda.

Te lo ricordi, il primo vero, consapevole senso di colpa della tua infanzia?
Posto che il senso di colpa mi divora la vita da sempre, quindi probabilmente il primo è precedente ai miei ricordi, ma credo che intorno ai 6 anni, quando i miei si sono separati e io sono andato a vivere con mia madre, mi sono sentito terribilmente in colpa perché stavamo lasciando mio padre da solo. Stavamo a cinquecento metri, eh, e ci vedevamo tre giorni a settimana, ma mi ricordo proprio questa sensazione orribile. Da lì in poi boh, ne avrò avuto uno al giorno.

< da *Un polpo alla gola*

Secondo te, crescendo cambia il modo in cui il senso di colpa ci affligge, il modo in cui portiamo quel fardello?
Mah, di solito la gente in qualche modo si abitua, impara a conviverci, magari lo elabora con l'aiuto di qualcuno, ma io credo che se sei uno che quella cosa ce l'ha dentro, qualcosa te la porti dietro per sempre.
Quelli che dicono "devi imparare a fregartene" non hanno mai dovuto imparare, secondo me non gliene è mai fregato un cazzo manco prima.

Come ti relazioni alle persone che hanno un rapporto meno stretto, più rilassato, con il loro lavoro e i loro doveri, pur facendo tutto ciò che ci si aspetta da loro?
In realtà io distinguo sempre le persone che approfittano della loro condizione anche dal punto di vista del "prestigio", sociale o economico che sia, da quelle che lavorano puramente per campare. Magari è una cosa insensata, però è proprio una cosa empatica, prima che razionale. Mi spiego: se fai l'impiegato, è legittimo che lavori le ore che ti toccano, e quando scatta l'ora X ti cade la penna. Viceversa, se hai un ruolo dirigenziale, di responsabilità, magari gratificante di cui ti piace vantarti, con delle persone a cui chiedi pure di lavorare per te, allora sono un po' più impietoso. Nel senso che in quel caso per me ti devi accollare qualcosa in più, fai parte di quelle persone da cui è legittimo aspettarsi un impegno che vada oltre il minimo sindacale, se poi dagli altri pretendi dedizione e abnegazione.

< da *Un polpo alla gola*

"PREFERISCI AVERE RIMORSI O RIMPIANTI?"

MA IN VERITÀ, SE INCONTRASSI UNO CHE MI PUÒ RIPORTARE INDIETRO NEL TEMPO, CREDO CHE ANDREBBE UN PÒ DIVERSAMENTE.

In una giornata in cui non devi uscire proprio, quante ore è possibile che tu passi sul divano? Ti dai delle regole per evitare le piaghe da decubito?

In una giornata di lavoro in cui non devo uscire non è che posso quantificare le ore: ci sto tutto il tempo che passo da sveglio. Dalle 9 di mattina alle 2 di notte, tipo. Magari mi sgranchisco le gambe a intervalli regolari, tipo alle 14 e alle 20 circa, però per il resto la mia postazione di vita è quella.

"Io non ho mai disegnato su un tavolo in vita mia, anche da bambino disegnavo per terra. A tavola ci si sta per le cose brutte: per la scuola, per il lavoro o per le cene delle feste comandate. Non riesco a stare seduto a un tavolo per più di mezz'ora senza desiderare la morte."

^ da *La profezia dell'armadillo*

"È COME SE FOSSE UN PERSONAGGIO ANCH'ESSO."

ALBERTO MADRIGAL

/al·ber·to ma·dri·gal/

{**1.** Amico, collaboratore, arma segreta. Fumettista spagnolo che parla italiano e vive in Germania. È anche il colorista delle copertine (e non solo) di Zerocalcare. **2.** Intelligente, generoso, sensibile. **3.** Rende tutto poetico.}

~prima apparizione:
Un'onesta ricostruzione (www.zerocalcare.net, 2021)

Che Zerocalcare abbia la mania del controllo delle proprie opere non è un segreto per nessuno. Quale occasione migliore per conoscerlo se non intervistando una delle poche persone di cui si fidi? Albe, quando hai conosciuto Michele, e quando avete collaborato per la prima volta?

L'ho conosciuto di persona a Lucca Comics & Games del 2013. Ero stato invitato dalla Casa editrice per l'uscita del mio primo libro (*Un lavoro vero*). Ricordo di aver parlato di persona con Michele per la prima volta alla cena con tutti gli autori, ed è stato un momento molto bello. Mesi dopo, lui mi fece una dedica sul suo libro *Dodici* e al Napoli Comicon mi chiese se mi an-

> **"Continuo a ricoprire nei suoi confronti il ruolo di guru emotivo (senza che me lo abbia chiesto), nonostante non gli sia ancora mai stato particolarmente utile."**

dava di fare una prova di colorazione su una pagina del fumetto a cui stava lavorando. Era un gioco, non avevamo intenzione di mostrarlo a nessuno, ma ci divertimmo a lavorare insieme in segreto. Credo che la prima volta che ufficialmente abbiamo collaborato sia stata per la colorazione della copertina di *Kobane Calling,* su richiesta di BAO.

Qual è la cosa più divertente e quale la più difficile, quando colori un suo disegno?

Non c'è una cosa più divertente nello specifico, ma a volte davanti a un suo disegno mi viene voglia di realizzarne una versione "pazza". Come per esempio la pagina di *No sleep till Shengal* in cui per gioco ho aggiunto parti del mostro che si attaccavano ai piedi del personaggio di Zerocalcare. Oppure, quando finisco di colorare una copertina, realizzo una versione con colori ed effetti molto esagerati, uscendo dalla

< da *No sleep till Shengal*

v da *www.zerocalcare.net*

mia comfort zone. A volte, inaspettatamente, una di queste versioni confluisce nella copertina definitiva. Non saprei dire quale sia la parte più difficile, perché mi diverto molto a colorare i suoi disegni. Più di quanto mi diverta a colorare i miei!

Che effetto fa diventare un personaggio del suo mondo?
Nei miei fumetti disegno spesso persone vere, ma nessuno aveva disegnato me in una storia, prima di Michele. È una sensazione davvero emozionante sentirsi parte dell'immaginario del mondo creato da un'altra persona. Soprattutto se è di uno dei tuoi autori preferiti.

Quali sono i tuoi fumetti preferiti di Zerocalcare, e perché?
È banale dirlo, ma è vero: mi piacciono tutti. Ogni volta che ne fa uno nuovo penso sia diventato ancora più bravo a raccontare storie. Ma se dovessi sceglierne uno, direi *Macerie prime,* perché ha toccato delle corde profonde. Delle paure e dubbi che tanti di noi abbiamo, ma non sappiamo trasmettere a parole.

IL MODO IN CUI MADRIGAL TRASFORMA TUTTO IN POESIA

AMICA LEMURE

/a·mi·ca le·mu·re/
{**1.** Uno dei pochi personaggi del mondo narrativo di Zerocalcare a non incarnare paure, aspirazioni, virtù o figure di riferimento della sua crescita. **2.** Ti racconta i suoi sogni. Sempre. Tutti. **3.** In fondo è una bravissima persona.}

~prima apparizione:
Il narrasogni (www.zerocalcare.net, 2013)

Amica Lemure è uno dei tuoi personaggi che ha conquistato con pochissime apparizioni il cuore dei tuoi lettori. Secondo te come mai?
Ognuno di noi secondo me o si riconosce in Amica Lemure o ha chiarissimo in testa qualcuno che le somiglia. E poi perché comunque questo è un Paese che si fonda per metà sulla ristorazione. Un sacco di gente lavora nei ristoranti, nei bar, serve ai tavoli. Moltissime delle persone che conosco e che fanno parte del mio cast fisso sono passate per il fare i camerieri o lavorare in cucina, eppure non lo racconto mai. Amica Lemure dentro *Macerie prime* è il primo dei miei personaggi che dichiara di fare questo lavoro, e la sua scomparsa dalla vita sociale e dai ricordi di tutti dà pure il polso di che attività faticosa e logorante sia, anche se spesso viene derubricata a "lavoretto estivo".

> da *Macerie prime - Sei mesi dopo*

Come si fa a restare amici di qualcuno nonostante ci faccia venire – per attingere alle tue espressioni più pittoresche – il mascarpone alle palle?

Ci sono persone che considero mortalmente noiose a 360°, e di quelle onestamente non riesco a essere amico. Può esserci affetto, ma non riesco a trascorrere del tempo con loro. Poi ci sono quelle, come Amica Lemure, che sono piacevoli finché non toccano un certo argomento. A quel punto è come se la loro voce si impostasse su un ultrasuono che mi impedisce di rimanere attento, non riesco a seguire più di tre parole di fila, divento soporoso, mi si sballano i valori del sangue. Purtroppo, arrivato a trentasette anni, ho collezionato un catalogo vastissimo di "Sì, è amico mio, ma...", e mi sono ingoiato un sacco di "ma". Io stesso ho un sacco di "ma" sul groppone. Quindi il fatto di avere un lato "mascarpone alle palle" non è sicuramente la cosa peggiore che ho sopportato per amicizia.

> ***"Il mondo si divide in due: quelli che raccontano i sogni e quelli che subiscono questi racconti."***

C'è una situazione in cui le persone che dicono l'ovvio ti fanno un po' invidia, magari per il modo semplice in cui affrontano la vita? Dici che sono gravate da meno accolli, così?

Non lo so, in verità la loro condizione nella mia mente ha solo due opzioni, una tragica e una bellissima. L'opzione tragica è quella in cui loro sono le uniche persone che dicono l'ovvio in mezzo a una comunità che li considera noiosi. Evitati e schifati come la peste, per una cosa su cui non hanno potere (non è che uno può diventare divertente, se è noioso è noioso), è uno scenario che mi strappa il cuore. L'opzione bellissima è quella in cui incontrano una persona che vuole solo sentirsi dire l'ovvio. A quel punto nella mia testa è l'incastro perfetto, la felicità piena e stabile, in una forma che solo le persone così potranno mai sperimentare e che sarà sempre preclusa ai normali, e vissero per sempre felici e contenti.

⌄ da *La scuola di pizze in faccia del professor Calcare*

Ho la sensazione che tu di "Amica Lemure" ne abbia più di una, in realtà. Le persone che ci dicono cose ovvie, scontate, con onestà intellettuale, ma ignare di quanto ci annoino, ci angustino e ci facciano sentire la miseria della condizione umana, ne abbiamo tutti parecchie, intorno. È così?

Sì, Amica Lemure peraltro unisce tante persone diverse, che hanno in comune questa cosa: nessuna di loro sa di essere stata l'ispirazione di quel personaggio. In particolare c'è questa persona (mi terrò sul vago) che sogna tantissimo, non so quanto cazzo dorme o cosa mangia la sera, ma fa tipo cinque sogni a notte, tutte le notti e se li ricorda TUTTI, e li rovescia addosso al malcapitato di turno. Però sono una decina le fonti di ispirazione a cui ho attinto per creare Amica Lemure, e il fatto che nessuno di loro sia mai stato attraversato nemmeno da un dubbio dimostra questa grande verità scientifica: più uno è noioso, meno ha la consapevolezza di esserlo.

LA MADONNA A CUI SANGUINANO LE ORECCHIE

Chi ha tra i propri cari un narrasogni è spesso devoto a questo culto mariano che nasce più di mille anni fa intorno al litorale romano.

La Madonna di Fregene, anche nota come la Madonna a cui sanguinano le orecchie, è colei che si sacrifica e ascolta i sogni al posto di noi peccatori.
Nel dipinto si scorgono due lemuri intenti a raccontare un sogno particolarmente avvincente.

AMICA TEIERA

/a·mi·ca te·ie·ra/
{**1.** Psicologa. Dal senso civico acuto. Personaggio relativamente nuovo, nell'universo di Zerocalcare, ma dall'importanza fondamentale. **2.** Rassicura, se ce la fa lei ce la potete fare anche voi. **3.** Un po' fragile, a conti fatti.}

~prima apparizione:
Rebibbia quarantine (2020)

Amica Teiera rappresenta "i normali", i civili, le tue amicizie che non condividono per forza il tuo stile di vita in toto. È difficile spiegare la vita che fai a questo tipo di persone?
Qui c'è da fare la solita operazione psicopatica di distinguo tra le persone reali e i personaggi. Quindi per ora mi atterrò al personaggio: Amica Teiera rappresenta la persona di buon senso, che incontro ogni tanto, che non sta dentro al delirio del fumettomondo, ma neanche nella tribù dei centri sociali o della scena punk. Credo che non ci sia nulla di veramente comprensibile per il mondo esterno nelle cose che regolano la

> da uno studio preparatorio per *Questo mondo non mi renderà cattivo*

“Quella forza d’animo che ti serve a reggere botta nel quotidiano, quando pure dentro casa tua c’è la guerra, è molto più potente di qualsiasi cintura nera di arti marziali.”

nostra esistenza (e la mia in particolare, per le contraddizioni che comporta). La vergogna legata a qualsiasi cosa che i civili giudicherebbero positivamente (il successo, la visibilità, i riconoscimenti classici...); l’ineluttabilità di certe cose che “vanno fatte e basta”, senza che il libero arbitrio del singolo abbia davvero un ruolo, e che passano davanti a tutto; pure il continuo misurare e valutare l’importanza e l’imperdibilità di una situazione rispetto alla possibilità che sfoci in scontri efferati.
Diciamo che di base mi fanno “pat pat” sulla spalla e si chiedono come sono arrivato a trentanove anni.

v da *Rebibbia quarantine*

Amica Teiera è apparsa per la prima volta in uno short animato. Perché le hai dato proprio quell’aspetto?
ERANO FORME RASSICURANTI E MORBIDE ED ERA UN BELLISSIMO OGGETTO DI DESIGN. I più maliziosi hanno voluto leggerci una fisionomia non proprio slanciata e filiforme, NON DEVI CREDERE LORO, AMICA TEIERA. RIPETO, NON DEVI CREDERE LORO.

C'è un simbolismo nascosto che contrappone la fragilità dei materiali alla forza d'animo? Amica Teiera non è una macchina da guerra, ma ha una tempra morale molto positiva, in fondo.

Sì, in realtà in *Rebibbia quarantine* lei faceva parte di quegli eroi della pandemia rimossi dalla narrazione ufficiale, quelli che stavano reclusi in casa come tutti, ma in condizioni devastanti, in pochi metri quadri con situazioni di disagio e di violenza. Mentre tutti raccontavano l'aspetto bello e romantico dello stare in casa, parallelamente un pezzo di questo Paese cercava di rimanere responsabile nonostante attraversasse l'inferno.

^ da *Rebibbia quarantine*

Tra le persone che l'hanno ispirata ce n'è qualcuna che ci si è riconosciuta? Ha avuto da ridire?

Diciamo che una si è riconosciuta perché, poraccia, aveva raccontato ai nostri amici che mi aveva incontrato in fila al supermercato e, quando è uscito il video con l'incontro nel parcheggio del Todis, tutti l'hanno subito collegata a lei. Ovviamente è raggiante di essere stata dipinta come una teiera di fronte al mondo e non manca mai di ringraziarmi calorosamente per questo splendido omaggio.

"QUALCUNO SI È MAI LAMENTATO DI COME LO RAPPRESENTI?"

AMICO FAGGIANO IMPERIALE

/a·mi·co fag·gia·no im·pe·ri·a·le/
{**1.** Apparso in un episodio della serie animata *Rebibbia quarantine*. Personaggio estemporaneo, figura misteriosa del sottobosco romano. **2.** Acutamente intelligente. **3.** Lo sa.}

~prima apparizione:
Rebibbia quarantine (2020)

Cominciamo con una necessaria disambiguazione "per chi chiama da fuori Roma". Cosa si intende, nello slang della tua città, per "faggiano", rigorosamente con due "g"?
Il faggiano è il "cojone". Io lo scrivo con due G un po' perché comunque a Roma si pronuncia così e un po' per distinguerlo dall'animale.

All'apice del panico dei primi mesi della pandemia da Coronavirus, tu hai ritratto un tuo amico realmente esistente come la quintessenza del Faggiano, che ti appare sotto casa quasi come se niente fosse, nonostante lo scenario apocalittico. C'era un motivo, per cui hai scelto proprio lui per quel ruolo?
Faggiano era l'unico dei miei amici che in pieno lockdown poteva andare in giro, perché il lavoro glielo permetteva, e quindi ogni tanto passava e citofonava a qualcuno. E io che non rispondo mai a nessuno, che non parlo al telefono e se mi citofoni senza preavviso

> da uno studio preparatorio per *Rebibbia quarantine*

ti butto l'olio bollente, mi vivevo quelle visite come un'eccitantissima eccezione a quella clausura. Quindi volevo raccontare quella situazione, che alla fine era comune a tanti, all'interno di *Rebibbia quarantine,* che ogni settimana veniva vista davvero da milioni di persone. Questo mi dava l'opportunità di insultare l'amico mio di fronte a una platea gigante e perdere quest'occasione mi pareva un crimine totale. Ma avevo poco tempo e scarsa creatività, quindi chiamarlo Faggiano in prima serata mi pareva il modo più diretto e immediato.

"Forse esiste un momento della vita in cui ci sta un bivio, tipo alla pubertà, boh. Un momento in cui la natura ti mette di fronte a due strade: una ti fa diventare scafato, l'altra ti condanna al faggianesimo."

L'Amico Faggiano Imperiale pare dotato della modalità più pura di una virtù il cui nome è abusatissimo nelle conversazioni istituzionali: la resilienza. Egli pare, invero, capace di sopravvivere a tutto, nonostante non sia il favorito dei bookmaker, ecco. Come si spiega questo suo non scontato pregio?
Il faggiano per definizione non è un furbo e non è un paraculo, quindi è abituato a prendere un sacco di schiaffi e a rimanere

^ da *Rebibbia quarantine*

con un pugno di mosche in mano. Però in qualche modo sta sempre là, si rialza sempre perché non ha altra scelta, e alla fine anche solo per la tenacia che ci mette, qualche punto lo segna. Probabilmente c'è un momento in cui ti ritrovi davanti a un bivio e capisci se sei destinato a diventare faggiano o no. Ma è una biforcazione che ci siamo lasciati alle spalle tantissimo tempo fa. All'età nostra, se sei faggiano muori faggiano. Qualche predatore puoi imparare a riconoscerlo, ma le altre specie si evolvono sempre più velocemente di te e in qualche modo qualcuno che ti sorprende ci sta sempre. Per la cronaca, ho il DNA del faggiano pure io, eh. Ma lui di più.

MOLTO INFANTILE DIPINGERMI COME UN FAGGIANO DAVANTI A TUTTI.
TI SEI DIVERTITO.
BRAVO, SO' CONTENTO.
ORA CRESCI MAGARI.
MA TU VIVI FACENDO FOTOMONTAGGI DI FINTE DICHIARAZIONI MIE E LE POSTI SU INTERNET!
MI HA CHIAMATO L'ANSA DIECI MINUTI FA PER CHIEDERMI DEI SOLDI CHE PRENDO DAL QATAR!
IL MEDICO DI BASE MI HA RICUSATO COME PAZIENTE PERCHE HA LETTO CHE HO UNA FORMA DI COLERA RETTALE CONTAGIOSA.
CLAP CLAP
MIA MADRE PIANGE DA TRE GIORNI PERCHÈ PENSA CHE MI SO' ISCRITTO A COMUNIONELIBERAZIONE!
CHE C'ENTRA QUELLE SO' PERFORMANCE.
CRESCI.

AMICO SUPPLÌ

/a·mi·co sup·plì/
{**1.** Giornalista nerd che odia i nazisti.
2. Sempre in forma **3.** Integrato, inserito.}

~prima apparizione:
La profezia dell'armadillo (2012)

Partiamo da una domanda classica. Lui non è un personaggio "di sintesi", si rifà a un tuo amico ben preciso. Perché decidesti, ai tempi, di dargli la forma e il nome di un supplì?
Purtroppo non posso prendermi alcun merito in quest'operazione. Egli si chiamava Supplì da prima che io lo conoscessi, e lo conosco da quando aveva diciassette anni (e io una ventina), quindi probabilmente lui è nato con quella forma e così è cresciuto. Invero Supplì era il più tenero dei soprannomi con cui veniva appellato, che comunque afferivano tutti alla sua silhouette e altre caratteristiche condivise con quel delizioso cibo unto e croccante. A quel punto chiamarlo Supplì e rappresentarlo come tale è stato un atto caritatevole.

< da *Ogni maledetto lunedì su due*

Come fai a farla franca quando crei un personaggio dai connotati così poco "politicamente corretti"? Conosco autori che sono stati crocifissi in sala mensa per molto meno.
Be', però lo chiamo Supplì, mica Palla di merda! Il supplì è una delle cose che rendono la vita degna di essere vissuta! Nel mio infinito e inesauribile processo di autocritica sulla questione "linguaggio cicciofobo" al momento sono giunto alla conclusione che è sbagliato associare il fattore peso a cose esecrabili, ma nel caso del supplì si tratta di un paragone lusinghiero, oh!

Quando seppe di essere stato assimilato a un supplì, come reagì il tuo amico? E da allora se ne è fatto una ragione, si è mai vantato pubblicamente di essere nel tuo cast di personaggi?
Vantato proprio forse no, ma ha rivendicato il suo ruolo durante una presentazione pubblica. D'altronde c'è poco da fare, non è che invecchiando sia cambiato al punto che uno si potrebbe chiedere "ma chissà perché lo chiama Supplì?" Va detto che nel frattempo è diventato un valido professionista del mondo dell'informazione, quindi forse farebbe a meno di questo biglietto da visita, ormai. Non so.

Se dovessi pensare a una storia di cui Amico Supplì fosse il protagonista assoluto, che tipo di trama sarebbe?

Vorrei dire qualcosa di buffo e grottesco che lo contrappone al mondo degli arancini e delle arancine, ma la verità è che Supplì è un archetipo di un altro tipo e mi dispiace di averlo trascurato negli ultimi libri. Nel senso che lui è il ragazzino nato vecchio, a diciassette anni era già un burocrate maturo, a diciannove conviveva, ha figliato quando ancora noi "più grandi" faticavamo a usare anche solo la parola "coppia".

^ da *Ogni maledetto lunedì su due*

"Io finora ho raccontato sempre quelli che rimandano le responsabilità, che hanno il terrore di crescere, e invece non ho mai trattato i Supplì: quelli che le responsabilità se le sono prese tutte e subito, e si trovano a 30 anni che hanno già fatto tutto. E ovviamente c'hanno i mostri dentro pure loro, solo che sono mostri diversi, che per me sono molto meno familiari."

L'INGIUSTA ESPULSIONE DI AMICO SUPPLÌ DAI MIEI FUMETTI

ARLOC

/**ar·loc**/
{**1.** Un tempo di base a Roma, appartiene al periodo del passato di Zerocalcare raccontato in *Scheletri*. **2.** Risolve le cose. A modo suo. **3.** Curioso come una scimmia.}

~prima apparizione:
Scheletri (2020)

Arloc è un vero ricordo della tua adolescenza? Il suo arrivo nella tua vita è realmente coinciso con il periodo in cui ti stavi arrendendo con l'università?

Io sono uscito da scuola un anno prima, quindi ho iniziato il mio fallito tentativo universitario che ero ancora minorenne. Eppure, la fine della scuola mi proiettava verso abitudini più adulte, come una maggiore autonomia. Insomma, nell'estate del 2001 avevo diciassette anni, ma potevo già fare una vita "da grande". Da una parte, quello è stato il mio naufragio formativo, perché non ho avuto la disciplina per continuare a studiare, senza il guinzaglio stretto dell'istituzione scolastica. Dall'altra, però, è coinciso con il momento in cui mi sono "scelto" la mia tribù. Il mio mondo non era più limitato al quartiere o alla scuola, e questo mi ha portato a conoscere un sacco di altre persone che stavano al mondo in maniera irrequieta, che forse era quello che cercavo maggiormente per sentirmi a casa. Arloc è una di queste persone. Anzi, è la sintesi di alcune di quelle persone.

> da *Scheletri*

Tu racconti spesso che figure come quella assimilabile al personaggio di Deprecabile siano state fondamentali nella tua formazione, perché avevano dalla loro, oltre alla cultura, l'esperienza di qualche anno in più di te. Com'è stato avere quel ruolo per una persona più piccola?

In verità il mio ruolo di fratello maggiore valeva veramente poco: io magari avevo letto qualcosa in più, perché mia madre mi aveva svezzato a libri sin da piccolo e quindi potevo sembrare quello un po' meno ignorante, più di buon senso. Ma per tutto il resto, Arloc era cresciuto molto prima di me. E così tantissimi pischelli che ho conosciuto che a quindici anni erano cento volte più svegli dei quarantenni di oggi. Ecco, io cercavo semmai di ostentare disinvoltura, come se fossi stato uno che le aveva viste tutte, ma la verità è che sono cresciuto con persone che prima di compiere sedici anni si erano già fatte l'inferno andata e ritorno, mentre a me la vita mi ha veramente ammaccato poco, rispetto a loro.

"Che si trattasse di fare a schiaffi, di gestire trattative losche, o di tutelarsi dalle fregature, Arloc era molto più capace di me di stare al mondo."

Quanto è durata la presenza di Arloc nella tua vita, come è cambiato nel tempo, e come se ne è andato?

La maggior parte delle situazioni descritte in *Scheletri* ha avuto luogo tra il 2001 e la seconda metà degli anni 2000, fino al 2008-2009 circa. È piuttosto naturale: sono gli anni in cui un adolescente dei primi 2000 cerca di capire dove andare a sbattere, e fa tutti i danni che gli riesce. Ma è una candela che prima o poi finisce di bruciare: a quel punto o metti la testa a posto, o ti voti all'autodistruzione (quindi o vai in galera, o muori, o te ne vai da Roma), oppure cerchi di rimanere in quell'equilibrio tra lo sbando e il tentativo di governare la tua vita. La maggior parte degli amici miei attuali si colloca in quest'ultima categoria. Arloc è uno dei tantissimi che invece ha seguito la seconda strada, e quindi man mano ci siamo incontrati sempre meno.

Hai mai più avuto sue notizie? Pensi che potrebbe ricomparire in storie future?

Mi capitano ogni tanto notizie di Arloc, anzi degli Arloc che ho incontrato in vita mia. E di solito sono così assurde e surreali che meriterebbero una saga di libri tutta per loro. Non li voglio raccontare come macchiette, però, quindi aspetto che la vita mi presenti le occasioni narrative per parlarne degnamente.

> da *Scheletri*

-UNO NESSUNO CENTOMILA-

...

ARMADILLO

/ar·ma·dil·lo/
{**1.** La creatura immaginaria per eccellenza dell'universo di Zerocalcare. Si muove dentro la sua testa e di professione fa la coscienza. In grado come pochi di dire sempre le cose più scomode mettendo a parole ciò che Zerocalcare eviterebbe. Non sempre, però, riesce a farsi ascoltare.
2. Trova sempre una scappatoia per evitare i guai al suo assistito.
3. Non riesce a convincerlo a usarla quasi mai. Malmostoso.}

~prima apparizione:
La profezia dell'armadillo (2012)

Tu hai sempre detto che l'armadillo era un device narrativo per non intasare i tuoi fumetti di "monologhi interiori emo". Dopo un decennio, è ancora così? È diventato anche qualcosa di più?
L'armadillo continua a essere uno strumento: grafico e narrativo innanzitutto, nel senso che è ancora una spalla con cui imbastire dei dialoghi anziché ricorrere ai monologhi interiori. È l'incarnazione delle mie paranoie, ma è anche quello che dice le cose che io "non posso dire". Tutto quello che penso ma non ho il coraggio di esternare, o che mi mette a disagio. Insomma, attraverso l'armadillo vengono fuori i lati più vergognosi e meschini della mia persona. Lui si carica il lato peggiore di me, tipo lo specchio di Dorian Gray.

> da *La profezia dell'armadillo*

Quando lo hai inventato immaginavi che lo avresti disegnato così tante volte?

No. In verità non pensavo proprio che sarebbe diventato un personaggio a cui sarei stato associato così tanto. Lo consideravo un comprimario delle storie brevi e poco più: nelle prime dediche che facevo sulla versione autoprodotta della *Profezia dell'armadillo,* quando lo disegnavo prima a matita e poi lo ripassavo a china... non avevo nessuna particolare confidenza con lui. Con gli anni è diventato una specie di firma, invece: ormai conosco a memoria tutti i segni che mi servono per disegnarlo, staccando la penna dal foglio solo cinque volte. È un gesto cosi automatico che riesco a farlo a occhi chiusi. Siamo diventati due fenomeni da baraccone.

ARMADILLO - YEAR ONE

Non sempre l'armadillo è onnipresente, nelle tue storie. Ti sei mai "stancato" di usarlo?
L'armadillo c'è quando serve, a volte viene sostituito da altre incarnazioni della mia coscienza: nel secondo libro, *Un polpo alla gola,* ci sono così tante manifestazioni del mio io interiore che non c'era mai spazio per l'armadillo, e nemmeno me n'ero accorto. Di solito compare quando sto da solo, perlopiù in situazioni casalinghe, dove non rischio di sembrare matto a intavolare lunghe discussioni con un armadillo antropomorfo.

v da *L'elenco telefonico degli accolli*

A livello di segno e costruzione, quali sono state le evoluzioni che te lo hanno fatto rendere più stilisticamente "tuo", consentendoti di trovare la giusta sintesi grafica?
Graficamente il personaggio era più disgustoso... aveva tutte le articolazioni realistiche, il muso più corto, somigliava di più a un armadillo vero. Andando avanti nel tempo l'ho ammorbidito e reso più cartoonesco, come anche gli altri personaggi: gli si è allungato il naso tanto che vorrei raccontarne prima o poi le origini, indagando la possibilità che sia il figlio meticcio di un armadillo e di un formichiere.
Rimane comunque un personaggio strano, che in oltre dieci anni non sono mai riuscito a disegnare frontalmente.

v da *Macerie prime - Sei mesi dopo*

L'armadillo è, diciamocelo, un po' uno stronzo, perché ti mette sempre davanti a cose che non vuoi ammettere a te stesso. Da piccolo infilavi la testa nella sabbia come lo struzzo? Chi o cosa ti portava poi ad affrontare le cose spiacevoli?

Solo il tempo e l'inevitabile resa dei conti mi portavano ad affrontare le cose. Nel senso che sono sempre stato uno che mette la testa nella sabbia, ma non è che sotto la sabbia ci sta con serenità. Ho sempre quella voce armadillesca che mi ricorda che prima o poi finisce la caduta e arriva l'atterraggio. Questa cosa mi ha portato a fare un sacco di guai, a fallire miserabilmente l'università, devastare relazioni: insomma, ho un discreto master nella materia. Adesso ho imparato a tirare fuori la testa un attimo prima della catastrofe... non sempre è sufficiente per scongiurarla, ma è già qualcosa...

Fingendo per un attimo che l'armadillo sia reale, secondo te negli anni è diventato più cinico o più rassegnato?

Più rassegnato. Nel senso che ripete sempre le stesse cose, ma con meno trasporto. Ha capito che certe cose ormai sono andate così, non si impara nulla di veramente nuovo dopo una certa età. Al limite ti rimane un po' la memoria dei traumi, quindi se capisci che una cosa ti porta gli schiaffi magari hai un istinto che ti aiuta a evitarli, ma è difficile diventare completamente un'altra persona. Vale per me e vale per l'armadillo.

La tua coscienza rompe di più le scatole, dopo il tramonto, o a un certo punto fa come certi animali domestici e si addormenta in un angolo, mentre tu rimani a rimuginare da solo?
Madonna, questa cosa non so come scriverla senza sembrare patetico, oppure senza far scattare una segnalazione ai servizi sociali, però è vero che a volte di notte tutti i mostri sembrano più grossi. Io sono uno che campa bene di notte, eh, mi piace stare sul divano a guardare cose smangiucchiando schifezze mentre il mondo dorme, però ammetto che ci sono notti in cui aspetto che sorga il sole per poter tirare il fiato.

^ da *Ogni maledetto lunedì su due*

Come cambia il tuo mood creativo la sera, rispetto al giorno? Se scrivi qualcosa alla sera è più introspettivo, più intimo, o non ci sono reali differenze legate al momento in cui crei qualcosa?
Non credo che ci siano grosse differenze. Vorrei dire che scrivo bene solo quando sento la vita giù in strada, oppure quando tutti intorno a me dormono, ma la verità è che non mi posso proprio permettere di dipendere da quelle condizioni. Lavoro quando devo lavora', a volte inizio di mattina e finisco a notte fonda e non penso mai "Oh, questo tramonto mi stimola proprio una riflessione romantica". Cerco solo di levarmi dal cazzo gli accolli prima che venga l'alba...

Il mondo esterno, invece, dopo una certa ora si scatena. Che raffinate strategie elusive hai inventato, per evitare di reagire agli accolli serali e notturni? Perché la maggior parte delle persone lavora a orario fisso, quindi dopo una certa ora sono i loro demoni a timbrare il cartellino in entrata...

La fascia tra le venti e mezzanotte è pericolosissima, perché è quella in cui la gente non lavora, non dorme, e tendenzialmente rischia di voler fare conversazione sui sistemi di messaggistica. In quelle quattro ore io cerco di usare il telefono il meno possibile, rispondo a tutto dopo, intorno alle due di notte, quando sono ragionevolmente sicuro che non si innescherà un botta e risposta, visto che quello che scrivo sarà letto la mattina dopo. Quando becco l'insonne di turno di solito a quell'ora uso la strategia "Devo mettere il telefono in carica, ma la presa sta lontana dal letto, scusa".

IL MIO RAPPORTO COL SONNO E LA NATURA

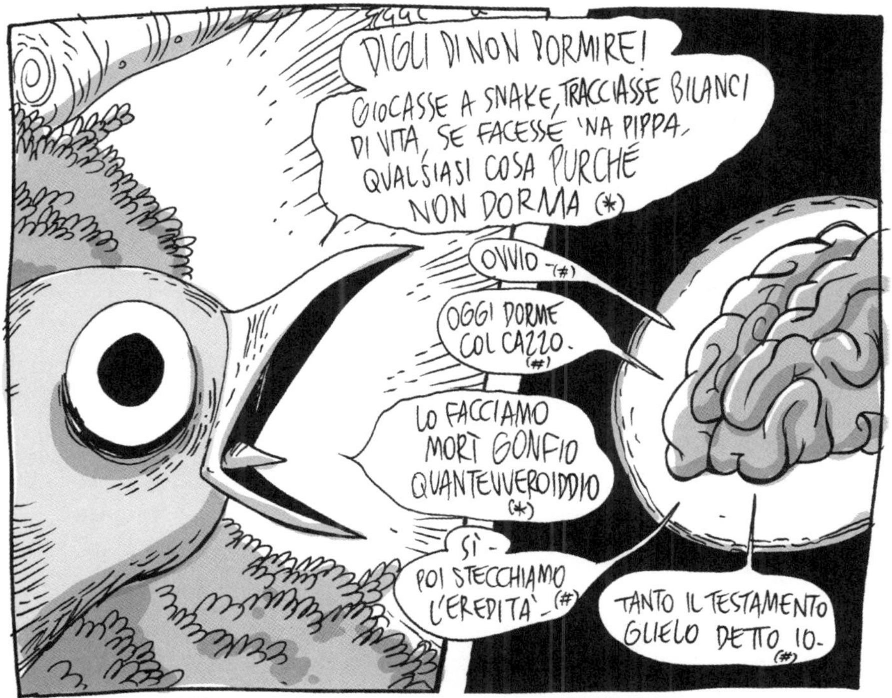

(*) TRADOTTO DALL'UCCELLESE.

(#) TRADOTTO DAL CERVELLESE.

GIURO, È UNA SPECIE DI ULTRASUONO CHE MI STA MANDANDO ALLA NEURO.

BAMBINO DELLE MACERIE

/bam·bi·no del·le ma·ce·ri·e/

{**1.** Vive nel mondo delle macerie. Ne ha già viste tante, troppe, per la sua giovane età. Il Vecchio delle macerie è il suo alleato principale. **2.** Vuole poter credere ancora in qualcosa. **3.** L'assenza di sogni è la sua nemesi.}

~prima apparizione:
Macerie prime (2017)

Quando hai cominciato a pensare alla storia di *Macerie prime* sei partito dalla trama nel mondo "reale", perché aveva un intreccio molto fitto. Come hai deciso di creare i personaggi del mondo delle macerie?

Il mondo delle macerie risponde a tre esigenze: una è narrativa, poiché la trama principale è così centrata sulle piccolezze del quotidiano, su un insieme di banalità in cui siamo così immersi, che temevo che non sarei stato capace di far percepire il senso di quello che volevo raccontare. Che alla fine il lettore magari si sarebbe riconosciuto nelle singole situazioni, senza cogliere il quadro d'insieme. Quindi il vecchio e il bambino, anche se sono apparentemente slegati dall'azione principale, con le loro lezioni anche didascaliche mi aiutano a sottolineare quello che succede nel mondo reale. L'altra esigenza è di continuità: il mondo delle macerie è quello in cui approdano i naufraghi che galleggiavano nell'acqua in *Ogni maledetto lunedì su due*. Mi piaceva l'idea di riconnettere i vari universi narrativi metaforici, che non sembrassero buttati lì a caso.

> da *Macerie prime - Sei mesi dopo*

> da *Macerie prime - Sei mesi dopo*

E poi dopo trecento pagine di gente che parla in appartamenti squallidi, avevo proprio bisogno di variare disegnando paesaggi post-apocalittici, mostri e combattimenti.

Il bambino delle macerie sembra saggio e disilluso, e tu non sei nuovo all'attribuzione di caratteristiche adulte a personaggi imberbi. Da piccolo eri un bambino vecchio, già cinico e scafato?
Sì, ovviamente avevo l'ingenuità dei ragazzini, quindi non ero troppo cinico, però in generale ero cento volte più saggio e intelligente di adesso. Ero serioso, prendevo sul serio tutto, su ogni cosa costruivo un castello di pippe mentali, leggevo tantissimo e credevo proprio in questa spinta a migliorarsi attraverso la lettura, la padronanza del linguaggio ecc. Poi ho svaccato tutto.

Oggi, guardandoti intorno, pensando sia alle persone della tua età che all'Italia in generale, come la vedi? C'è speranza, per chi è costretto a vivere tra le macerie dei propri sogni?
La mia generazione mi sembra sostanzialmente scesa a patti con la realtà. Aveva una serie di illusioni legate al mondo semi idilliaco in cui è cresciuta, quello degli anni '80 e '90, in cui a trent'anni uno aveva una sua stabilità, dei figli, qualcosa che iniziava ad assumere i contorni rassicuranti della vita borghese. Poi magari c'era il fratello tossico d'eroina che ciondolava per

"Poi è cambiato tutto: tutte quelle certezze sono crollate e ci sono stati gli anni in cui ci siamo sentiti traditi, a inseguire mille lavoretti senza continuità, allontanandoci sempre di più dalla vita che avevamo sognato."

strada, ma era una specie di spauracchio, l'eroina era il babau di un mondo adulto che sembrava sostanzialmente rassicurante. E poi, siccome siamo umani e prima o poi il senso di tradimento lo dobbiamo accantonare, siamo scesi a patti. Qualcuno ha trovato un lavoro con cui arriva a fine mese, qualcuno continua a barcamenarsi (ma ormai è assuefatto a questa condizione), qualcuno ha cominciato a fare figli anche senza tutte quelle garanzie che prima considerava propedeutiche alla riproduzione. Insomma, alla fine la vita (e la prosecuzione del genere umano) si è aperta una via in mezzo alle macerie. Però il prezzo è stato rinunciare a un sacco di sogni.

^ da *Macerie prime*

Creare personaggi post-apocalittici e mostri deformi ti diverte un sacco, non fingiamo che non sia così. A livello di immaginario letterario, cinematografico e visivo, a che fonti attingi ultimamente? E a cosa pensavi quando hai creato *Macerie prime?*
In realtà non sono un grosso consumatore di narrativa e cinematografia fantastica, però sono affascinato da quell'estetica e quando vedo su Instagram i profili di certi illustratori rimango a bocca aperta, ci passo le giornate, mi salvo le immagini, e così facendo l'algoritmo me ne propone sempre di più e mi invortica in questo loop di invidia e fascinazione. I personaggi di *Macerie prime* nascono proprio da un frullato di elementi visti in tantissime illustrazioni su Instagram. Pensavo proprio: "Madonna, ma io voglio disegnare questa roba qua, ma come faccio a infilarla in una storia autobiografica delle mie?"

I NUMEROSI DUBBI CHE MI ATTANAGLIAVANO NELLA CREAZIONE DEL BAMBINO DI MACERIE PRIME

BLANKA

/bla·nka/
{**1.** Incarnazione di tutti i ragazzini cui Zerocalcare ha dato ripetizioni nel corso degli anni. Stolido e sfaccendato adolescente restio a qualunque forma di apprendimento. **2.** Studente con serie lacune di apprendimento. **3.** In fondo a volte è curioso del mondo.}

~prima apparizione:
Ogni maledetto lunedì su due (2013)

v da *Ogni maledetto lunedì su due*

Facciamo ordine: quando hai creato la figura di Blanka, si riferiva a una sola persona, o era un coacervo di comportamenti di diversi tuoi studenti?
Blanka è sempre stato un insieme di ragazzini fusi in un personaggio solo. Questo meccanismo si è rivelato fondamentale: ogni volta che qualcuno di loro scopriva i miei fumetti e magari si riconosceva e veniva a chiedermene conto, io potevo dire "ma no, non sei tu, è l'altro ragazzino, lo vedi che quest'altra cosa non l'hai mica detta tu". Il mio grande castello di menzogne ha retto.

Davvero quei ragazzi non ti davano mai soddisfazione? Erano così incapaci di ascoltarti?
Uno era mediamente sveglio e aveva una famiglia di persone carine, ed è quello che rappresento quando Blanka è nelle sue forme più umane e tollerabili. Tutti gli altri erano mediamente mostri e, più le case erano grandi, più i genitori facevano lavori "prestigiosi", più 'sti ragazzini erano mostri. La cosa che trovo incredibile comunque è che io andavo a casa loro ogni settimana, mi conoscevano, sapevano che facevo i fumetti, sapevano addirittura che nei fumetti ci mettevo loro.

Tu sei cambiato, per via del lavoro di "ripetitore", o quando hai smesso di farlo eri lo stesso di prima? Perché sei bravo, a spiegare le cose, narrativamente. Mai pensato di insegnare?

"Nessuno di quei ragazzini ha mai avuto la curiosità di prendere un fumetto e sfogliarlo, anche solo per vedere cosa dicevo di loro."

La verità è che io ero abbastanza bravo a insegnare il francese, perché è la mia lingua madre e ne conosco bene la grammatica e l'ortografia. Ma sebbene mi contattassero per il francese, poi in verità io dovevo "fargli fare i compiti". Ovvero tutte le materie. Però per dire, magari a italiano me la cavo, ma io a matematica sono una pippa infame, non riesco a fare manco gli esercizi di seconda media. A geografia mi addormentavo. Non quando stavo a scuola, proprio quando stavo da 'sti ragazzini. Case in penombra, sedie comode, lunghi silenzi... mi cadeva proprio la testa e mi svegliavo di soprassalto.
Però al di là di quello che gli ho insegnato o meno, il rapporto con i ragazzini è qualcosa che ti tiene ancorato alla realtà. Il confronto tra le esperienze, quando ci parli di musica, di film, di politica, è un sacco stimolante in entrambe le direzioni. Quella è una cosa che mi manca.

v da *Ogni maledetto lunedì su due*

Ogni tanto racconti di avere avuto a che fare con i tuoi studenti, anni dopo. Te li vai a cercare tu per capire se hai fatto un buon lavoro, o sono incontri fortuiti? E il bilancio complessivo com'è?
Di solito sono incontri fortuiti, Roma è un paesone e prima o poi ci si incontra, oppure saltano fuori i loro nomi nei commenti di Facebook di qualche pagina, mi incuriosisco e vado a vedere che fine hanno fatto. Quelli in cui riponevo più speranze sono quelli che si sono rovinati di meno. Va detto che io ero entrato in un giro di scuole di Roma Nord per cui 'sti ragazzini erano sottoposti al condizionamento ambientale di una tale quantità di stronzi tutti intorno a loro che davvero era un'impresa improba cercare di strapparli al loro destino genetico.

"Quelli che sembravano piccoli mostri si sono rivelati grandi mostri. Quelli che sembravano quasi passabili si sono rivelati anch'essi mostri."

BLANKA 2021

QUEL GIOIOSO E AGRODOLCE SENSO DI AMARCORD NEL REINCONTRARLO IN GIRO.

CHRISTINE

/chri·sti·ne/

{**1.** Libera professionista, madre il cui miglior alleato a volte coincide con il principale avversario: Cinghiale. **2.** Ha riserve inesauribili di pazienza. **3.** Sa sempre cosa fare ma te lo rinfaccia.}

~prima apparizione:
Macerie prime (2017)

L'Amico Cinghiale è passato da single impenitente a bi-padre. Ci sono stati mutamenti nel suo comportamento generale, dopo la nascita del secondo erede?
Sigh, lo vedo e lo sento così poco che mi è difficile dirlo. Tra Brexit e Covid è veramente tanto che non posso osservarlo, non ho neanche mai visto la seconda creatura. Però posso dire che nel giorno del ventennale del G8 di Genova mi sono ritrovato su un treno per il capoluogo ligure, di notte, unico passeggero del vagone. Avevo un nodo alla gola che mi strozzava e ho mandato un messaggio malinconico a Cinghiale, che era a Genova con me, anche se l'ho rimosso dalle cronache a fumetti perché mi scocciava disegnare un personaggio in più. In quello scambio di una ventina di minuti su WhatsApp, non ha MAI parlato di sesso. Neanche una volta. È un cambiamento antropologico epocale che non mi sarei mai aspettato.

> da *Macerie prime - Sei mesi dopo*

In *Macerie prime* tratteggi sua moglie, Christine, come una donna pragmatica e con la testa sulle spalle, quasi a fare da alter ego al marito. Com'è la loro dinamica in pubblico, sono davvero così diversi?
Christine io la conosco veramente poco: si è sposato quasi senza presentarcela, l'ho osservata sempre un po' con quella diffidenza idiota di chi pensa che ti stanno portando via l'amichetto delle elementari.
Eppure in ogni situazione, anche le più imbarazzanti e grottesche (e anche al matrimonio non sono mancate, tra gente che si pisciava addosso ubriaca, testimoni portati via dalla polizia, scontri culturali tra l'Inghilterra e l'Abruzzo...), lei ha sempre mantenuto la barra dritta e tenuto in piedi la baracca con grande dignità. In realtà credo che la loro dinamica di coppia nel privato sia molto più sfumata e abbiano una grande complicità, ma in pubblico lei è tipo la colonna portante della famiglia.

I tuoi amici che si sono riprodotti sono tutti del tipo che ti manda decine di foto e video dei figli che fanno (o non fanno) cose, o ce ne sono anche di quelli che non ne fanno l'unico argomento di conversazione possibile?
Hanno smesso di mandarmi foto perché oggettivamente io non do buoni feedback. La maggior parte di quei ragazzini, soprattutto appena nati, sono orrendi, hanno la testa abbozzata, sembrano degli anziani di piccole dimensioni pestati di botte, con il naso schiacciato e gli occhi gonfi. Non so davvero cosa scrivere, di solito mando un cuoricino, ma ormai hanno capito che è un cuore che significa "ma che te devo di'". Questo mio comportamento li ha educati e adesso è davvero raro che mi arrivino foto di bambini.

Tu che tipo di padre saresti, secondo te, per come senti di essere ora?
L'idea dell'incomunicabilità con un figlio mi ammazza, mi farebbe vivere in uno stato di angoscia permanente finché non fosse in grado di esprimere frasi di senso compiuto. Probabilmente mi piglierebbe un infarto prima.

"Io già se sento il cane che piagnucola o lo vedo che non mangia mi struggo, darei un organo perché potesse parlare e dirmi cosa c'è che non va, cosa posso fare per aiutarlo."

I DISCORSI A CASA CINGHIALE
(O COME ME LI IMMAGINO CON LA MIA CODA DI PAGLIA)

CINGHIALE

/**cin·ghia·le**/
{**1.** Il motivatore che non ti aspetti. Sempre con la risposta pronta, è forse uno dei comprimari dell'universo narrativo di Zerocalcare che più di tutti è evoluto in maniera inaspettata. **2.** Capacità di risolvere qualunque problema con lo stesso consiglio. **3.** Dotato di un senso pratico quasi sovrannaturale ma lo impiega solo per copulare.}

~prima apparizione:
La profezia dell'armadillo (2012)

v da *Ogni maledetto lunedì su due*

Di' la verità: quando hai fatto apparire per la prima volta Cinghiale, ti aspettavi che sarebbe diventato un personaggio così amato, e così ricorrente, nelle tue storie?
Invero no. Anzi, a dirla tutta all'inizio Cinghiale non era nemmeno così definito e ancorato a una persona reale: compariva nella storia sull'insonnia come l'amico che ti diceva che per dormire "devi scopare", ma in verità era l'incarnazione di un paio di amici diversi che avevano quella come risposta universale a tutte le domande del creato. Similmente a quanto successo con Secco, per un periodo identificavo il Cinghiale adolescente con una persona, e il Cinghiale contemporaneo con un'altra.

Pian piano, diventando un personaggio ricorrente e iniziando ad avere un po' più di spessore e di background, uno dei due "ispiratori originari" ha inglobato l'altro e ormai per raccontare l'evoluzione della sua vita mi baso su una persona sola.

^ da *Un polpo alla gola*

Quanto c'è di fittizio nel modo di comportarsi di Cinghiale per come lo racconti, e quanto invece le sue spesso irripetibili battute sono più un documentario che un atto di invenzione?
In realtà quasi tutte le cose che dice Cinghiale non solo sono vere, ma sono anche edulcorate e sono state pronunciate nel corso degli anni. Dal momento che però non abita più a Roma e non abbiamo più quel rapporto quotidiano (da un po' di anni ormai), molte delle situazioni in cui lo disegno sono fittizie, nel senso che magari gli faccio dire adesso cose che forse ha detto dieci anni fa. Inoltre man mano che il personaggio di Cinghiale si sedimentava, succedevano alcune cose: prendevano piede nella società varie discussioni sulle questioni di genere che in qualche modo hanno mutato la sensibilità di chi i fumetti li legge e di chi li fa (e anche delle persone a cui si ispirano). E contestualmente Cinghiale passava da personaggio esecrabile e negativo a comprimario fisso con una sua "saggezza". Per questo mi sono anche posto il problema di non snaturarlo, ma al tempo stesso di non declinare questa sua fissa per il sesso in una chiave unicamente maschile. Ne ho smussato alcune parti più maschiliste (ma giuro che questa cosa è andata di pari passo con una sua maturazione anche nella vita vera, non è che l'ho tradito), ho introdotto l'alter ego femminile Sailor Cinghiale... non per accontentare qualcuno, ma perché continuassero a essere personaggi con cui mi piaceva avere a che fare.

TRATTEGGIARE UN PERSONAGGIO ACCADEMICAMENTE COMPLESSO

NEL 2020 VIVIAMO ANCORA IN UN CONTESTO IN CUI L'ASTINENZA SESSUALE VIENE CHIAMATA IN CAUSA PER SPIEGARE FENOMENI A CUI NON SAPPIAMO DARE RISPOSTA; RABBIA, INSOFFERENZA, FRUSTRAZIONE.

NON VOLEVO CHE IL PERSONAGGIO DI CINGHIALE ALIMENTASSE QUESTA CULTURA DELLA BANALIZZAZIONE. CIÒ HA RICHIESTO STUDIO E RIFLESSIONE.

Hai la sensazione che sia il personaggio preferito di una tipologia precisa di lettori, o è semplicemente un guilty pleasure collettivo, visto che dice (e gli fai dire) cose che molto spesso nessuno di noi potrebbe mai pensare di pronunciare in pubblico e per non rischiare il linciaggio?
Cinghiale è catartico. Dice quello che i timidi e riservati, oppure i responsabili e "conscious", non possono dire. Proprio per questo però è un personaggio pericolosissimo. Il rischio di questi personaggi è sempre che vengano utilizzati come "sfogatoio" dell'autore, facendogli incarnare posizioni orribili per poi rifugiarsi dietro il fatto che "il personaggio è così". Cinghiale è un personaggio amato dai lettori, io voglio che possa dire delle cose anche terribili, che derida il mio modo di essere, che conservi la sua rudezza, ma non vorrei mai che diventasse un simbolo confortante per maschilisti e persone di quel tipo. Quindi si muove sempre su un equilibrio delicatissimo, in cui gli è concessa ogni volgarità, può parlare di sesso in maniera disinibita, ma cerco sempre di fare in modo che i messaggi di fondo che veicola non siano aberranti.

^ da *Ogni maledetto lunedì su due*

A che età hai conosciuto l'essere umano che nelle tue storie è associato ad Amico Cinghiale? Cosa sappiamo della sua infanzia?
Eh, intorno agli undici anni, quindi preadolescenza, ma lui era già assolutamente avanti su certi temi. Forse perché aveva un fratello più grande, forse perché appartiene a una specie diversa, comunque lui riusciva a stare con noi sfigati senza farsi contagiare da quell'aura di sfiga. Poteva stare in sala giochi con

noi, leggere i fumetti, ma poi attraversare a testa alta il gruppo di quelli "fichi" e magari avere pure una tresca con qualche ragazza di loro, senza che nessuno lo cacciasse con i forconi come facevano con noi. Mi ricordo che una volta intorno ai sedici anni una ragazzina di quel giro, bellissima e appartenente allo scalino più alto e irraggiungibile del nostro articolato sistema di caste, una sera scappò di casa a seguito di un litigio con i genitori. La mattina dopo venne a scuola con Cinghiale, perché era andata a rifugiarsi a casa sua. Ovviamente i genitori probabilmente si erano parlati, rassicurati a vicenda... insomma, tutto alla fine era molto meno trasgressivo di come sembrava, ma era comunque un fatto impensabile che una così potesse andare a bussare alla porta di uno come noi. Era una roba che succedeva solo nei film sceneggiati male.

^ da *Dodici*

Tu a che età hai provato, per così dire, i primi turbamenti? Cosa sarebbe successo, se avessi avuto accanto un Amichetto Cinghiale, già dotato di una completa consapevolezza sessuale, a sussurrarti all'orecchio cosa avresti dovuto fare?

Boh, io i turbamenti ce li avevo, ma fino a diciassette anni non sapevo proprio nemmeno come rivolgere parola a una ragazza. Neanche ai miei amici, nemmeno a Cinghiale stesso dicevo che mi piaceva una ragazza. Forse, se gli avessi chiesto consigli, per esempio nella vicenda di Camille raccontata nella *Profezia dell'armadillo,* che lui conosceva, le cose sarebbero andate diversamente. Invece io stavo completamene muto e speravo

L'Eletto
Il prescelto
Il facocero che unirà due mondi
LA PROFEZIA DICE CHE CI TRAGHETTERÀ NEL MONDO DELLE FEMMINE.
CI PORTERÀ NELL'OLIMPO DELLA SCALA SOCIALE.
ONORIAMOLO.
È MEZZO CARUCCIO VÈ?
NON SE CAPISCE PERCHÉ GIRA CO' QUEGLI ATTREZZI?

ASCOLTAMI!
SONO LA FACOCERA CHE VESTE ALLA MARINARETTA!
E SONO QUI PER RICORDARTI
CHE DEVI SCOPA'.
NEL NOME DELLA LUNA, DE PLUTONE O DE CHI CAZZO TE PARE.
MA TE PREGO, TE SCONGIURO, SCOPA.
ALMENO SMETTI DE PIAGNE E DE PENSA' A QUELLO.

di incontrare una pischella più intraprendente di me. Cosa che comunque non avveniva mai, eh.

E il personaggio è cambiato, nella tua mente, da quando ha la responsabilità di un'altra vita? Lo racconti in modo diverso?
Il personaggio ha preso una sua autonomia rispetto alla persona reale proprio perché molte cose non le viviamo più insieme, quindi devo immaginare da solo come si comporterebbe. È un esercizio arbitrario, però, quindi per quanto io cerchi di calarmi nei suoi panni e di usare i dati a mia disposizione per elaborare risposte possibili, come farebbe un'intelligenza artificiale, la verità è che non ho idea di come reagirebbe davvero. Però l'ho raccontato sempre nella sua comfort zone, non l'ho mai messo di fronte a situazioni in cui la responsabilità di un'altra vita fosse dirimente. Mi piacerebbe raccontare una cosa del genere, ora che ci penso.

È stato il primo dei tuoi amici – tra quelli che ritrai nei fumetti, almeno – a diventare padre. Come è cambiato il tuo modo di vederlo, sia come persona reale che come personaggio, alla luce di questa evoluzione nella sua vita?
Diciamo che quell'evento mi ha costretto a riconoscergli una dimensione che lui per primo, un po' per guasconeria un po' per quella vergogna maschile di cui siamo imbevuti, ha sempre nascosto. Cioè riconoscere che dietro quell'amico cretino che

v da *La scuola di pizze in faccia del professor Calcare*

sembra completamente irriducibile alla coppia fissa, che colleziona esperienze sessuali apparentemente slegate da qualsiasi proiezione nel futuro, c'era una persona con delle fragilità, dei bisogni, dei desideri che andavano oltre quel modo di fare. Ma non è che quello fosse il "vero" Cinghiale e l'altra solo una posa. Erano entrambi veri, facce diverse delle stesso poligono. E quindi ho dovuto dare questa nuova dimensione pure al personaggio, possibilmente in maniera coerente con il modo in cui lo avevo raccontato fino a quel momento.

^ da *Scheletri*

Ormai non è più il solo dei tuoi "personaggi" ad avere uno o più eredi. Cosa ha imparato Zerocalcare (la persona e il personaggio) dall'esperienza con la paternità dei suoi amici?
Che le persone non cambiano emotivamente quando figliano. Cambiano le loro abitudini, le loro routine, possono sparire perché non hanno più tempo, ma il loro nucleo emotivo rimane quello. Alla fine è questo che mi ha sempre spaventato di più, nella vita come nei fumetti: che il loro procreare generasse uno scarto incolmabile tra me e loro. Che ci trovassimo in due piani diversi dell'evoluzione umana, e non avessimo più nulla da dirci, come uno che è rimasto una scimmia e l'altro è evoluto in homo sapiens. Perché quando diventi genitore nella mia testa diventi forte, risolto, responsabile. In realtà mi pare che non sia così, i buchi che abbiamo rimangono gli stessi, solo che devi cambiare i pannolini.

IO LO SO, NON È UNA COSA CHE SI SCEGLIE.
SI NASCE COSÌ E BASTA.
NON DICO CHE NON TI VORREI BENE, MA MI DISPIACEREBBE, QUELLO SÌ.
POI OVVIO, NON POSSO OBBLIGARTI AD AMARE CHI DICO.
PERÒ MI DARESTI UN DOLORE.
TI DICO SOLO PENSACI.
RIFLETTICI, GIÀ DA ADESSO.
È CHE SE TU FOSSI LESBICA, AVREI COSÌ TANTO DA CONDIVIDERE.
SE TI PIACCIONO I MASCHI TUTTO IL MIO SAPERE ANDRÀ SPRECATO.
COME IL ROGO DELLA BIBLIOTECA DI ALESSANDRIA.
VEDI CHE PUOI FARE, SENZA PRESSIONI, EH.

CORRADO PERSICHETTI

/cor·ra·do per·si·chet·ti/

{**1.** Personaggio che aleggia nelle storie di Zerocalcare, presente anche in *Strappare lungo i bordi*. Nessuno sa bene che lavoro faccia, mentre il suo esprimere opinioni grette e odiose è noto a tutti. **2.** Serve a ricordare come non bisogna diventare. **3.** Ripete a pappagallo, senza riflettere.}

~prima apparizione:
Un polpo alla gola (2012)

Quella di Corrado è una figura basata su un individuo preciso o, come in altri casi, è un personaggio "di sintesi"?
È un personaggio di sintesi, nel senso che il suo aspetto fisico e il suo "nucleo" sono ispirati a un individuo preciso, di cui onestamente ho perso le tracce molti anni fa. Per le cose che riguardano la contemporaneità attingo ad altri personaggi che mi sembrano avere lo stesso profilo oppure a una proiezione verosimile di come potrebbe essere la sua vita adesso, basandomi sui dati che ho a disposizione da 25 anni...

v da *Un polpo alla gola*

Rispetto alla paura che incute in *Un polpo alla gola,* le sue altre apparizioni sembrano dargli una valenza quasi macchiettistica. È perché crescendo i bulli non ci fanno più paura?
Un po' per quello, un po' perché credo che la crudeltà dei bambini sia irraggiungibile, e crescendo ci livelliamo un po' tutti e impariamo a convivere. I cattivi smussano alcuni lati, i buoni ne affilano altri. E poi chiunque abbia vissuto accanto a un bullo sa che i rapporti intorno a loro hanno una geometria variabile.

"Nei periodi in cui sei tu la vittima ti sembrano dei mostri intollerabili, ma poi quando cambiano obiettivo all'improvviso riesci a scoprirne anche i lati ridicoli, o addirittura a scoprire che puoi camminare nella loro ombra."

In ogni gruppo che esprime opinioni c'è un Corrado, in un certo senso. E le sue opinioni aberranti sono molto seduttive, il più delle volte. Quali sono gli anticorpi a quel modo di pensare il mondo, secondo te?
Come si fa a non fargli pensare cose aberranti non lo so, credo che si debba fare una distinzione tra le persone "normali" e quelle ideologizzate e militanti. Con le persone normali, quelle con cui sei cresciuto, che magari ripetono delle bestialità che hanno sentito dire, ha senso parlare. Alla fine, è gente che condivide il contesto in cui abitiamo, basta provare a ricondurre quelle posizioni al nostro vissuto per accorgerci di quanto sono inconsistenti e ideologiche.
Per quanto riguarda invece il "ceto politico", non penso ci sia nessuna buona fede o tentativo di ragionamento da fare. Parliamo di gente che soffia veleno tra le persone per pura ricerca di consenso, e penso che uno dovrebbe impegnarsi attivamente per non farglielo fare, e se proprio non ne ha le forze rifiutare almeno qualsiasi convivenza che normalizzi la loro presenza.

“La storia del Corrado dei fumetti non è ancora scritta fino in fondo, prima o poi mi piacerebbe esplorarlo nelle sue contraddizioni.”

C'è redenzione, per i Corradi del mondo? Hai un esempio edificante da condividere? E riesci a immaginare una storia a fumetti in cui potrebbe avere un ruolo positivo?

Sì, in generale io credo ci sia redenzione per tutti, magari non proprio come nelle favole, ma tutti possono quantomeno imparare a non rompere il cazzo al prossimo. Ho tantissimi esempi di Corradi che crescendo si sono pacificati e sono diventati irriconoscibili, e altri che hanno indirizzato la loro passione per le vessazioni verso categorie di prepotenti e di cattivi, cosa che magari non sarà proprio una redenzione ortodossa, ma di certo mi ha fatto sentire molto al sicuro quando me li sono trovati dalla parte mia.

"MA CORRADO È DAVVERO COSÌ?"

DEMONE ARNATH

/de·mo·ne ar·nath/

{**1.** Demone personale abilissimo nel creare dubbi senza risposta. Si nutre di insicurezza e colpisce tutti senza alcuna distinzione. **2.** Sa come farci sentire in colpa per le strade non intraprese. **3.** È difficilissimo liberarsene.}

~prima apparizione:
Macerie prime (2017)

Arnath simboleggia la brutale malvagità delle cose irreversibili. Perché fa paura non poter tornare indietro?

Secondo me perché viviamo viziati dall'illusione di poter vivere tante vite contemporaneamente. Abbiamo un ventaglio di prospettive molto più ampio che in passato, e pensiamo di poterle sempre esplorare tutte. E quindi evitiamo ogni decisione che ci sembri possa ridurre lo spettro di scelte. Ma la verità è che anche quando non scegliamo stiamo rinunciando a qualcosa, il tempo che perdiamo è un'altra possibilità che non ci ridà nessuno, e vivere pienamente una scelta senza tornare indietro forse è più gratificante che saltellare da una parte all'altra senza decidere mai. Peraltro, il fatto che non si possa tornare indietro non significa che non si possano fare altre scelte, anche radicalmente diverse. Con altrettante conseguenze, certo. E ovviamente lo scrivo perché ne sono convinto sulla carta, non perché riesca ad applicarlo nella mia esistenza, per la quale non sono capace a fare un cazzo.

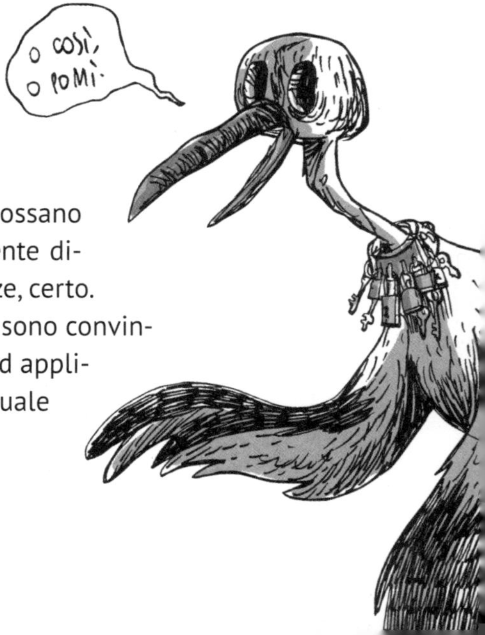

 > da *Macerie prime*

Se potessi tornare a un solo bivio cruciale nella tua vita per fare una scelta diversa, quale sarebbe (se si può dire)?
Più che fare una scelta diversa, probabilmente farei una scelta. Io credo che quasi tutte le cose che oggi stanno allo sbando nella mia vita dipendano dalle scelte che non ho fatto, lasciando che il tempo facesse rovinare tutto e che l'usura decidesse al posto mio. Madonna che cazzo di cosa crepuscolare.

^ da *Macerie prime*

Davvero da piccolo ti segnavi le pagine di ogni bivio dei libri-game per poter tornare indietro se sbagliavi? E quando, nella vita vera, hai scoperto che questo trick non si poteva fare?
All'inizio facevo così, poi quando si è complicata la cosa ho pensato: "Sai che c'è, c'è già la vita per questa merda", così ho iniziato a leggere i libri-game senza scegliere nulla, procedendo una pagina dopo l'altra, in modo da leggere in sequenza tutte le strade possibili. Perdevano qualsiasi qualità narrativa, ma almeno non dovevo fare quello sforzo immane.

Come si convive con il fatto che "è andata così" e non ci sono per forza scelte giuste o sbagliate? Ci si può liberare di Arnath?
Secondo me, paradossalmente, una volta che è andata, diventa molto più facile conviverci. Come i tatuaggi: una volta fatti non ci pensi più, fanno parte di te, come un neo o una cicatrice, non ricordi nemmeno più com'eri prima. Oppure come rac-

v da *Macerie prime*

contano molti di quelli che fanno i figli, che prima sono terrorizzati e poi si rendono conto che una volta che un figlio ci sta fa parte delle cose (ma questo lo dico per sentito dire, perché non so nulla di riproduzione). Però posso dire che quando ti capita in sorte un cane funziona così. Non lo vuoi, pensi che non lo sai accudire, e poi invece ormai sta là e la tua vita si rimodella intorno a lui. D'altronde la gente vive pure senza braccia e senza gambe, si potrà vivere con un cane.

Ecco, mi pare che il modo migliore di liberarsi di Arnath è di far succedere le cose. Specifico, per chi dovesse leggere queste note e conosce il mio privato, che sono consapevole della totale dissociazione tra quello che è giusto e come campo io. Ciao.

"Tutte le volte che ho provato a non prendere decisioni, facendo quelle cose tipo 'per una settimana non scelgo nulla', si sono sempre abbattute su di me sciagure e tragedie, quindi ho capito che non funzionava. Ciò non mi ha impedito di riprovarci e riprovarci ancora, ciclicamente."

IL TEMPO GIUSTO PER OGNI COSA

DEMONE DELL'INADEMPIENZA

/de·mo·ne del·l'i·na·dem·pien·za/

{**1.** Se fosse un suono, sarebbe quel ticchettio immaginario che si sente nella testa quando si realizza che non si sta facendo qualcosa che era urgente e per cui è diventato tardissimo. **2.** Sa instillare paura. **3.** Non se ne va neanche quando non ha motivo di restare.}

~prima apparizione:
L'elenco telefonico degli accolli (2015)

Allo stato attuale, quanto ti senti inadempiente in un momento a caso della giornata? Hai imparato a prendere le cose più alla leggera, da quando hai teorizzato il Demone dell'inadempienza?
No, anzi. Sono passati quasi dieci anni, e ai tempi mi sembrava che quel demone mi vessasse. Solo ora mi rendo conto che era un cucciolo, che erano solo i suoi primi timidi passi. Adesso ha invaso ogni angolo della mia esistenza.

> da *L'elenco telefonico degli accolli*

Credi che sentirsi in difetto per come si usa il proprio tempo sia una caratteristica innata di certe persone, o è la società che ci ha messo questo tarlo?

Come tutte le cose secondo me sono vere entrambe le affermazioni. Sicuramente viviamo in una società in cui il tempo libero viene raccontato come un lusso, una specie di "extra" a cui hai diritto se proprio ti avanza del tempo. Dopodiché anche in questa società ci sono tantissime persone a cui non gliene frega assolutamente un cazzo di questa pressione, e che non hanno mai avuto il minimo turbamento rispetto alla loro inadempienza, anche quando poi magari hanno delle responsabilità che ricascano su altre persone. Ovviamente io non sono una di quelle, sto a metà strada tra gli egomaniaci che pensano che il loro lavoro farà la differenza e quindi è gravissimo non consegnarlo, e i tapini in cerca di approvazione, che sperano che nessuno parlerà male di loro se rispettano tutte le consegne. Ingredienti che di solito producono dei disperati che se smettono di lavorare devono fare i conti con il vuoto che avanza nelle loro vite.

"In un mondo ideale il lavoro dovrebbe essere solo uno strumento per poter godere pienamente della propria vita, non occuparla completamente."

I Rise Against cantano "Ci sono risate, e c'è amore, oltre l'orlo della nostra paura. E c'è il caos quando tutto precipita, ma è musica per le mie orecchie". Tu ci riesci, a essere incosciente mentre tutto diventa urgente? Ogni tanto ti diverti ancora, mentre corri per evadere gli impegni presi?
Oddio, non lo so. Mi verrebbe da rispondere no, nel senso che quel senso di divertimento che percepivo dieci anni fa quasi non me lo ricordo più. Però rimane un lavoro fuori dall'ordinario, per cui è difficile trattarlo come se fosse una cosa "normale". È comunque qualcosa che richiede un investimento creativo che è sempre una sfida, a cui segue di solito un riconoscimento che è più gratificante di quello di tanti altri mestieri, sia umanamente sia economicamente. Diciamo che sono un privilegiato tra quelli che si rompono il cazzo.

^ da *L'elenco telefonico degli accolli*

Si può scendere a patti con il Demone? Cosa gli dobbiamo promettere, perché ci lasci un poco in pace?
Da lucidi non si può. Perché è insaziabile, pure se ti sbrighi a fare tutto, ci sarà sempre qualcos'altro, sullo sfondo, che avevi lasciato da parte. In questo mondo non esiste la possibilità di dire in tutta onestà "non c'è più niente da fare". Mi dicono che ci sono le droghe, ma io a diciassette anni ho scelto di non assumere sostanze che alterano la coscienza e quindi campo di rimpianti e di invidia verso i miei amici tossici.

"LUI HA SEMPRE FAME."

DEMONE DELLA REPERIBILITÀ

/de·mo·ne del·la re·pe·ri·bi·li·tà/
{**1.** Attacca grazie ai sistemi di comunicazione di massa, si nutre dell'ansia che riesce a generare. Internet è uno dei suoi principali alleati.
2. Ti fa sentire desiderato. **3.** Non ti concede il tempo di respirare.}

~prima apparizione:
L'elenco telefonico degli accolli (2015)

Come si fa a ignorare la pressione di tante persone che ti cercano contemporaneamente?
L'unica cosa a cui mi attacco è che, se non ho letto una cosa, non posso rispondere. È un fatto ontologico, proprio. Quindi cerco di non aprire i messaggi e non leggere cosa dicono, così sto nella condizione logicamente inoppugnabile di non poter rispondere.

< da *L'elenco telefonico degli accolli*

La storia in cui hai inventato il Demone della reperibilità ti fu suscitata dall'insistenza di uno specifico giornalista. Gli hai mai detto che poteva intestarsi quel demone? Come l'ha presa se lo hai fatto, o come la prenderebbe, secondo te?
Non gliel'ho mai detto, ma sono abbastanza sicuro che la prenderebbe male, perché nel mondo tutti pensano di essere un'eccezione. Tutti pensano: "Be' certo, non puoi rispondere a tutti, è ovvio, MA A ME DEVI PROPRIO." Inoltre, quello specifico giornalista si sente veramente "stocazzo", quindi credo che lo riterrebbe un crimine di lesa maestà. Che poi io con queste persone mi impunto, mi viene una specie di blocco psicologico per cui diventa un punto d'onore NON RISPONDERGLI MAI PIÙ. Che forse pure non è proprio maturo come atteggiamento.

Se per ipotesi tu dovessi sparire davvero per una settimanella, dimmi in ordine decrescente di gravità le prime cinque persone che si preoccuperebbero e/o smatterebbero.
In realtà negli ultimi anni ho perso completamente quella tensione agonistica alla risposta. Al telefono non rispondo proprio praticamente più, su Whatsapp quando va bene rispondo alle due di notte del giorno dopo o della settimana dopo. Ormai

lo sanno più o meno tutti. Gli unici che si preoccuperebbero sono quelli a cui rispondo: tipo mia madre chiama gli ospedali se non le rispondo per 12 ore, il mio editore capirebbe che qualcosa non va, l'amico Supplì rimarrebbe sorpreso... Anche il gruppo Whatsapp dei miei amici mi darebbe per morto se non commentassi le cazzate che scrivono.

Adesso fa' coming out: è mai successo che sia stato tu a dover dare la caccia a qualcuno che visualizzava e non rispondeva? Ti sei mai trovato dall'altra parte della situazione?
No. No. No.
E lo sottolineo perché c'è SEMPRE un altro modo.
E a volte quel modo è accettare che una persona non ti risponderà, maledirla in silenzio (ovviamente l'ho fatto mille volte), prenderne atto, trarre le conclusioni e fare i conti con la consapevolezza di dover fare a meno di quella risposta. Come se fosse morta. Ecco, piuttosto che chiamare una persona più di due volte preferisco pensare che è morta. Cosa farei se fosse morta? Mica continuerei a chiamare un morto pretendendo una risposta, no? Uguale.
Perché esiste SEMPRE un'alternativa a rompere il cazzo alla gente in maniera insistente e invadente.

ASCESA E CADUTA DELLA REPERIBILITÀ

OH MI DISPIACE MA DAVVERO MI SI È SECCATA LA GHIANDOLA DELLA REPERIBILITÀ. AMEN.

- GIURO CHE QUANDO SARÒ SOLO AL MONDO E NON MI CERCHERÀ PIÙ NESSUNO PIANGERÒ IN SILENZIO E NON MI LAMENTERÒ A FUMETTI.

DEMONE EZELOTH

/de·mo·ne e·ze·loth/
{**1.** Demone dell'attesa impotente. **2.** Convincere le sue vittime che non possono capire quando tutto finirà malissimo, ma che lo farà di certo. **3.** Sembra esserci anche dopo che se n'è andato.}

~prima apparizione:
Macerie prime - Sei mesi dopo (2018)

Tu hai descritto Ezeloth come il demone che abita nel cuore di chi è in attesa di un potenziale disastro sull'esito del quale non ha alcun controllo. È un demone che prima o poi incontriamo tutti, o qualcuno, più fortunato, muore prima?
Oddio, non credo che ci sia davvero qualcuno che sia al riparo da questa sensazione. Nel senso che nessuno ha il controllo assoluto sul proprio destino. Però non tutti tramutano questa sensazione in un demone. Ci sta quella frase che dice: "Dammi la forza di cambiare quello che posso cambiare, e la pazienza di accettare quello che non posso cambiare, e la saggezza per distinguere le due cose." Ecco, quella pazienza qualcuno ce l'ha, qualcuno no.

> da *Macerie prime - Sei mesi dopo*

Secondo te quanto la certezza che prima o poi tutto andrà a finire malissimo ha a che fare con la sindrome dell'impostore, che colpisce quasi chiunque non senta di essersi guadagnato pienamente ciò che ha?
Io personalmente faccio un esercizio quasi ogni mattina, in cui immagino che quello sia il giorno in cui tutto verrà giù. Ogni squillo di telefono è quello che annuncia la fine. Provo a immaginare come ricalibrare la mia vita nel post disastro. Così almeno quando succede non è una doccia fredda totale.

Ezeloth ha un design a cavallo tra la Disney degli anni Cinquanta e Jamie Hewlett. Quanto ti sei divertito a creare graficamente i demoni di *Macerie prime,* e quanto a cose fatte li hai trovati davvero inquietanti, come se avessi dato visibilità a qualcosa che già aleggiava nella tua vita, più che aver creato qualcosa dal nulla?

Dipende, alcuni li ho creati dal nulla partendo solo dal concetto che evocavano, e cercando di tradurlo in immagini. Altri invece, come Ezeloth, fanno parte dei demoni che mi inseguono da tutta la vita, il lupo cattivo dei tre porcellini per me da piccolo era come Jason di *Venerdì 13,* un mostro implacabile che li va a prendere a uno a uno. In generale comunque ho cercato di buttare in quel design tutto quello che non posso mai fare, e che era distantissimo dal resto della storia. Una vicenda di burocrazia, di bandi e di trentenni tristi che fanno figli o che si mollano, è una roba a metà tra una mattinata in fila al municipio e *L'ultimo Bacio.* I mostri servivano a portarmi via da lì.

"Di sicuro se uno pensa di non aver avuto un ruolo determinante nella costruzione di ciò che ha, non può pensare di avere un ruolo determinante nell'impedire che tutto crolli."

C'è un modo per convincere una vittima di Ezeloth che le cose non andranno così male, o diventa una causa persa?

Ma sarebbe una crudeltà indicibile! Visto che le cose andranno quasi sicuramente male, convincerlo del contrario è solo un modo per fargli abbassare la guardia e massimizzare i danni dell'impatto inevitabile.

COME CAMPIAMO NOI DISCEPOLI DI EZELOTH

DEMONE HACCOLLO

/de·mo·ne hac·col·lo/
{**1.** Fa della frenesia moderna uno dei suoi principali alleati. **2.** Grava gli umani di fardelli evitabili. **3.** Genera più cose da fare di quante un solo umano ne possa sopportare.}

~prima apparizione:
Macerie prime (2017)

***Macerie prime* è una storia che voleva fotografare un momento esistenziale, più che fattuale. Forse anche per questo è così piena di demoni. Ci descrivi i poteri di Haccollo e cosa deve succedere perché si auto-evochi?**
Haccollo ha le sembianze di una grossa sanguisuga perché rappresenta tutto quello che senti che ti sta succhiando via il sangue, con tutte le conseguenze del caso. Compare quando sei arrivato talmente al limite che ogni richiesta ti sembra una pretesa impossibile da soddisfare, e non riesci più nemmeno a comprendere la natura di quello che ti viene chiesto. Ogni richiesta ti sembra essere fatta in malafede, da chi vuole prendere un po' del tuo sangue per il proprio tornaconto personale. Quando hai questo tipo di sindrome di accerchiamento, la conseguenza naturale è che diventi uno stronzo.

> da *Macerie prime*

^ da *Macerie prime*

La nostra vita è fatta di una concatenazione di accolli, o gli accolli ci aiutano ad apprezzare le cose belle della vita?
In realtà io credo che esista una specifica quantità fisiologica di accolli a cui uno deve sottoporsi nella vita, e odio chi riesce ad aggirarli tutti. Perché tanto gli accolli che uno evita finiscono per ricadere su qualcun altro, quindi per lo stesso principio di "lavorare meno per lavorare tutti", ognuno dovrebbe farsi carico di una piccola quantità di rotture di cazzo dell'universo. Questo metterebbe in equilibrio la Grande Bilancia Universale degli Accolli. Qualsiasi squilibrio di questa bilancia non può che produrre disperazione, miseria e frustrazione.

Sincero: vedi sempre apparire subito Haccollo, quando ti fai incastrare in una situazione spiacevole, o a volte un accollo si presenta sotto mentite spoglie, e non capisci subito che fregatura è?
Io sono arrivato a un livello in cui quasi nessun accollo si presenta sotto mentite spoglie perché praticamente OGNI COSA è un accollo. Al limite il mio errore di valutazione riguarda l'entità dell'accollo stesso. A volte penso di cavarmela a buon mercato e invece poi mi pento proprio di essere nato. Ma Haccollo si presenta abbastanza raramente, nel senso che devo sovraccaricarmi davvero tanto per arrivare al punto di sfanculare tutti. Non perché io sia di animo buono e altruista, ma perché sono un cojone, ovviamente.

Esiste un contro-incantesimo per diventare accollo-repellenti? Che prezzo ha, per l'anima di chi lo usa?

Il contro-incantesimo è il solito mantra – verissimo, eh – che ti ripetono sempre tutti: le tue necessità vengono al primo posto, devi fare le cose che ti fanno piacere, se una cosa non ti va di farla non la fare. È tutto verissimo, ma nella mia esperienza chi riusciva ad applicarlo alla lettera era sempre una testa di cazzo. Quindi temo che l'unico modo di essere completamente accollo-repellenti è di cedere completamente l'anima. Uno dovrebbe trovare il punto di equilibrio: c'è chi ci riesce molto naturalmente e lo surfa alla grande, e chi invece passa tutta la vita a cercarlo, morendo probabilmente gonfio alla fine. Io ovviamente rientro nella seconda categoria.

VEDI CHE ALLA FINE, TUTTO SOMMATO, HACCOLLO...

DEMONE IMRALITH

/de·mo·ne im·ra·lith/

{**1.** Demone personale creatore di illusioni di stabilità. La paura dell'ignoto è il suo alleato principale. La realtà il suo più solido avversario. **2.** Induce a credere di poter impedire, o evitare, i cambiamenti. **3.** È una trappola mentale ineludibile.}

~prima apparizione:
Macerie prime - Sei mesi dopo (2018)

Standando ai tuoi racconti, tu sei stato il tipo di persona che ha sperato che a restare fermo immobile le cose potessero non cambiare. È vero? E quando ti sei reso conto che non era proprio così?

Mah, razionalmente non so se ci ho mai sperato davvero. Però credo di averci provato lo stesso, e lo faccio ancora. Con le questioni di salute, con lo studio, con le relazioni, con tutto quello che mi spaventa guardare in faccia. La mia tendenza è sempre quella di congelare ogni cosa e smettere di pensarci. Ovviamente, a seconda dell'urgenza dell'Universo, prima o dopo per ognuna di queste cose è arrivato lo schianto. Da cui non sono sicuro di avere tratto grossi insegnamenti, ecco.

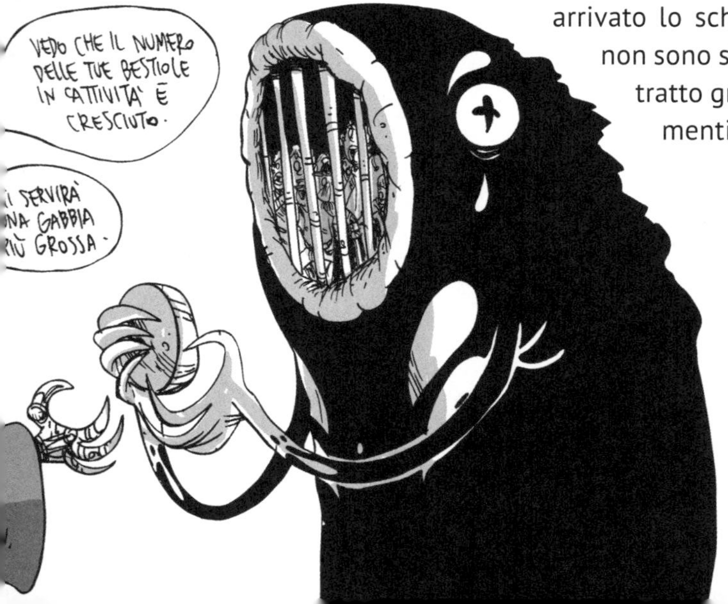

< da *Macerie prime - Sei mesi dopo*

Perché ci fa paura il cambiamento? E perché ci fa ancora più paura scoprire un giorno che le cose sono cambiate lo stesso e noi siamo rimasti indietro?
Io non lo so bene perché mi fa paura il cambiamento, forse perché credo che alcuni di noi abbiano faticato tanto per trovare un modo di stare al mondo e di stare con gli altri. Magari non era un modo virtuoso, edificante, perfetto, però era un modo. Sopportabile. Metterlo in discussione e ricominciare da capo magari significa perdere anche quel fragile equilibrio a cui ci siamo aggrappati finora.
Quando scopri che poi quel fragile equilibrio è venuto meno lo stesso è una sensazione terribile. Perché significa che il tempo che avevi per fare quel salto è scaduto, ora puoi solo cadere. Se sei fortunato cadi sul morbido, e scopri che esistono altri modi. Se sei sfortunato invece ti schianti.

"Se parlando di Rosikoth posso vantarmi di non essere una persona invidiosa o che cerca facili capri espiatori, con Imralith mi sento di rassicurare tutti sul fatto che non mi faccio sconti."

Il vociare delle anime che Imralith ha imprigionato è il rumoroso "te l'avevo detto" di chi ha cercato di risvegliarle dalla loro illusione? Ed è possibile davvero aiutare qualcuno a risvegliarsi dal torpore che Imralith provoca?
In *Macerie prime* è il personaggio di Deprecabile a essere perseguitato da Imralith. Nella vita vera pure, a dire il vero, ma siamo abbastanza accomunati da questa presenza. Ecco, ad aiutare me ci hanno provato tutti e finora non ci è riuscito nessuno. Poi oh, delle cose a volte sono evolute (per fortuna), non è che non è mai cambiato nulla, ma quasi mai per un consapevole atto di coraggio, ecco.

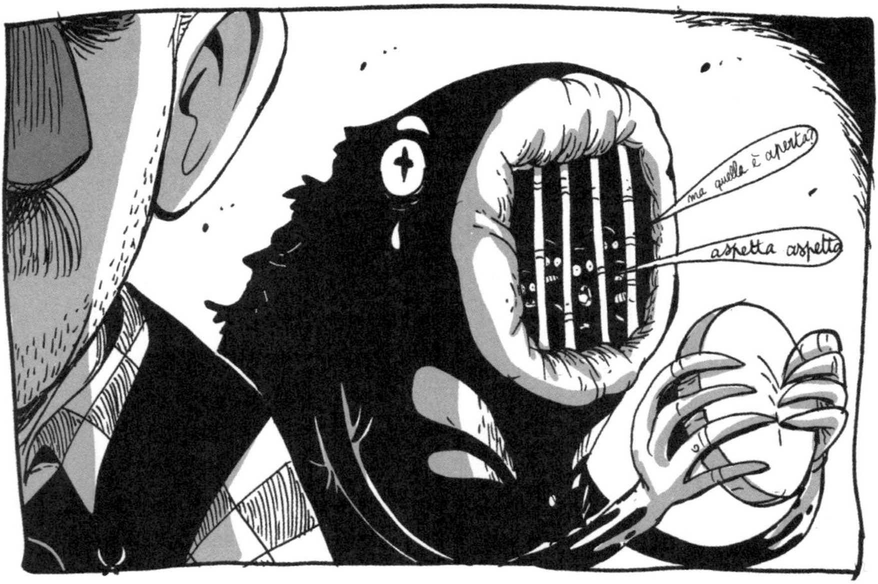

^ da *Macerie prime - Sei mesi dopo*

C'è stata una volta nella tua vita in cui, vinta la paura del cambiamento, sei poi stato costretto ad ammettere di essere contento di come erano cambiate le cose?
Mah, l'ho ammesso mentendo per fare buon viso a cattivo gioco, ho detto qualche volta: "Sì, è vero, non è così male". Ma in realtà pensavo: "SE POTESSI TORNARE INDIETRO E CONGELARE TUTTO LO FAREI SENZA PENSARCI MEZZO SECONDO."

COSA SUCCEDE QUANDO UNO SI CONSOLA PENSANDO CHE TANTO CONOSCE TUTTA GENTE IMMOBILE QUANTO LUI

DEMONE ROSIKOTH

/de·mo·ne ro·si·koth/

{**1.** Fornisce risposte facili a domande complesse. La sua frase preferita: “Non è mai colpa tua... ma ti serve un capro espiatorio. E subito.”
2. Scaricare la responsabilità di qualunque cosa su comodi, facili bersagli.
3. Quasi impossibile liberarsene dopo che lo si è incontrato.}

~prima apparizione:
Macerie prime (2017)

Tu dici che Rosikoth è il demone dell’ingiustizia percepita. Ti è capitato spesso di incontrare persone assolutamente certe che il mondo ce l’abbia con loro, e di essere vittime di clamorosi abusi del destino?
Madonna se mi è capitato di incontrarle! Diciamo che è uno sport diffusissimo. In realtà sono due fenomeni complementari: uno è quello di non essere mai responsabili di ciò che ci accade, che in qualche misura a volte può anche essere vero, ma se ti continuano a succedere sempre le stesse cose forse dovresti pure iniziare a mettere in discussione i comportamenti tuoi. E dire: “Perché sono troppo buono” o “Perché sono troppo ingenuo” non significa mettersi in discussione, significa incensarsi e vittimizzarsi. E l’altro, che segue il primo, è la convinzione che quello che spetterebbe a te se l’è rubato qualcun altro. Anche qui,

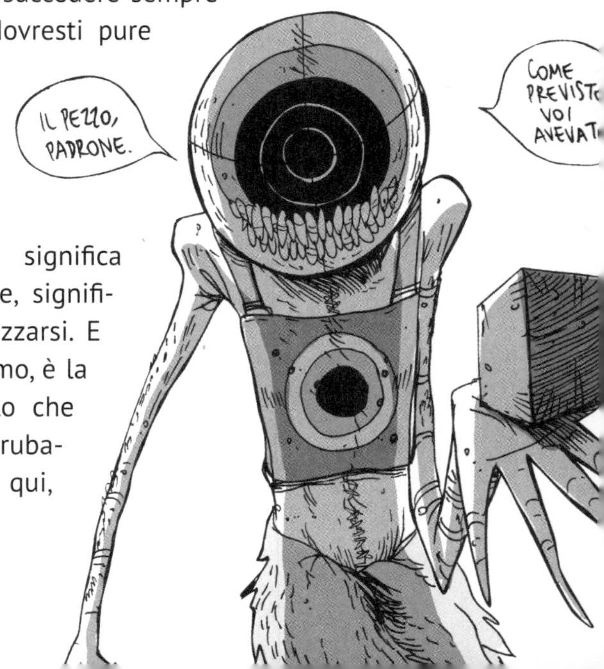

> da *Macerie prime*

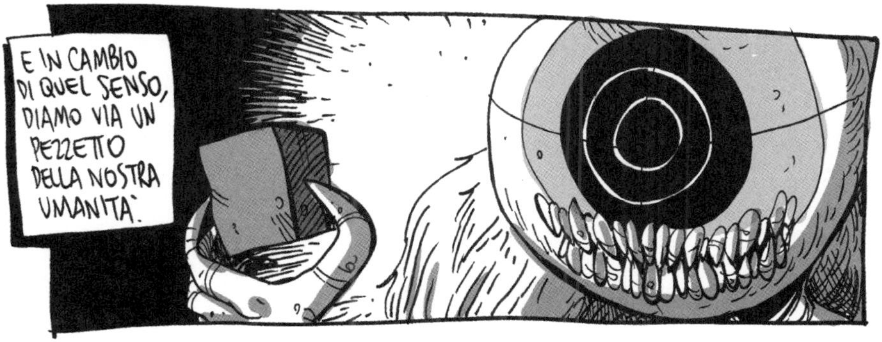

magari pure quello a volte è vero, ma guarda caso l'unico con cui tante persone riescono a prendersela è quello più sfigato di loro. Diventa tutta una guerra tra ultimi e penultimi. Mo' io non voglio fare sociologia spicciola, ma mi pare che sia proprio il tratto più caratteristico del mondo che abbiamo intorno.

Riconosci in te comportamenti di questo tipo, normalmente?
No, onestamente io sono un cane maledetto, ho una vagonata di difetti e non consiglierei al mio peggior nemico di avermi accanto, però questo è uno dei pochi che mi manca. Uno può dire: grazie al cazzo, hai fatto successo con i disegnetti, ci manca pure che sei invidioso di qualcun altro. Però giuro che è un sentimento che mi è sempre stato abbastanza alieno, anche quando brancolavo nel buio. Non ho mai pensato che per rivendicare un diritto mio dovessi levarlo a qualcun altro, né nel mio privato né in discorsi più "alti". Io semmai mi spacco il cervello per cercare di capire dove ho sbagliato, e mi convinco che tutti i mali del mondo dipendano da me; è proprio difficile che accolli qualcosa a qualcun altro.

Come si ragiona con qualcuno che giunge sempre alla conclusione che "è tutto un magna magna" e soprattutto, l'universo ce l'ha con loro? Li si può convincere a guardare in faccia la realtà?
Non li conosco uno per uno quindi cerco di non dare giudizi generali, ma con le persone della mia vita di solito è finita in

tragedia. Nel senso che a lungo andare ci siamo mandati affanculo e abbiamo smesso di sentirci, poi grazie ai social uno non si perde mai davvero completamente di vista.

"Mi pare che le persone si dividano in due categorie: quelli che a distanza di anni sono ancora convinti che ci sia un complotto di persone cattive che vivono per impedire loro di raggiungere la felicità, e quelli che invece magari ce l'hanno fatta e allora sono diventati all'improvviso sostenitori del merito."

Sei mai stato usato come clamoroso capro espiatorio? Come ne sei uscito?

Quello che mi fa più ridere a distanza di anni è che ci sono persone che ancora sostengono che in Italia la gente non compri tanti fumetti perché io faccio uscire troppi libri e saturo il mercato, ed esaurisco il potere d'acquisto del lettore. Con un fumetto all'anno praticamente ammazzo la concorrenza.

Intendiamoci, è pieno di fumettisti e fumettiste migliori di me, come disegno, come narrazione, come tutto. Ed è ingiusto, oggettivamente, che il loro lavoro non sia altrettanto valorizzato, e che a volte (spesso) non riescano a campare di quello. Sono il primo a pensarlo, e ovviamente mi sento a disagio. Ma razionalmente pensare che questa cosa dipenda dal fatto che chi compra i libri miei poi non può più permettersi altro mi pare ai limiti dello psichiatrico.

PERCHÉ ROSIKOTH CON ME NON ATTACCA

DEPRECABILE

/de·pre·ca·bi·le/
{**1.** Mentore suo malgrado, saggio solo anagraficamente, palesemente fratturato in modo scomposto dalla vita. **2.** Leale fino alla morte. **3.** Si perde facilmente.}

~prima apparizione:
Macerie prime (2017)

Tu lo hai avuto davvero, l'amico più grande che in qualche modo faceva da mentore involontario a voi pischelli, vero? E puoi confermare che era solo più grande, ma non particolarmente più saggio di voi?
Sì, io non ho fratelli maggiori e quindi qualcuno che fuori dalle figure genitoriali mi insegnasse "come si sta al mondo". Questo è un ruolo che hanno assolto alcune persone che frequentavo quando sono venuto in contatto con il mondo dei centri sociali e del punk, una comunità piuttosto ristretta in cui facevamo le cose tutti insieme. Certo, non è una comunità particolarmente saggia dal punto di vista "canonico", nel senso che non è che da loro ho imparato a essere diplomatico o a stare composto a tavola; però di sicuro mi hanno insegnato tante altre cose: quali sono i paletti su cui non si può arretrare, come si sta in mezzo a situazioni delicate che non stanno scritte nei manuali del bon ton, quand'è che vale la pena prendersi una denuncia (e come evitare di prenderla)... Insomma tutto quel sapere che non si trova su internet e che passa sempre attraverso questo tipo di trasmissione.

< da *Macerie prime - Sei mesi dopo*

Deprecabile, nei fumetti, ama le canne e il Campari. Ma parlaci più nel dettaglio della sua personalità. Perché siete ancora amici?

Il Deprecabile dei fumetti è un personaggio cinico e disilluso, quel tipo di personaggio crepuscolare che a me piace un botto in letteratura o nel cinema: il protagonista di *Manchester by the Sea,* working class di mezza età solo e prigioniero in un'austera dignitosa dimensione di rimpianti e di rimorsi. Traslato a Roma, e trasfigurato nei miei fumetti scemi, quello diventa Deprecabile. E siamo amici perché in qualche modo ci troviamo a percorrere lo stesso sentiero, a qualche metro di distanza. Nei fumetti, eh... nella vita vera ci sono un sacco di altri motivi.

^ da *Macerie prime*

Si tratta di un personaggio che sicuramente deriva da più persone della tua vita. Qualcuno di loro si è riconosciuto in lui? Come hanno reagito?

Sì, sono più persone e la cosa che trovo meravigliosa è che hanno un tale livello di inconsapevolezza della propria condizione che mentre TUTTI li riconoscevano e andavano da loro a dire "Oh, ma come l'hai presa che Michele ti ha inserito nel fumetto?" loro rispondevano: "Eh? Ma mica sono io. Non c'entro niente, io."

v da *Macerie prime*

Dei tuoi amici più stretti dici sempre che "fanno molto quadrato" quando si tratta di proteggerti. Ti viene in mente un caso eclatante in cui è successo realmente?
Diciamo che il nostro ambiente non è quello che si definisce un "safe space" dal punto di vista emotivo... sono cresciuto insieme a persone che mi hanno svezzato a prese per il culo feroci, ironizzando su difetti e complessi, mettendo il dito nella piaga ogni volta che si presentava l'occasione. Anche il loro rapporto con me sui social è sempre quello di mettermi in imbarazzo davanti al pubblico, in un modo che da fuori è difficilmente comprensibile. Ma è come se facesse parte di un codice interno. Nel momento in cui questi attacchi arrivano da fuori, e vengono mossi da qualcuno di esterno e con cattiveria, ho intorno le persone più meravigliose del mondo, che mi hanno sempre fatto quadrato intorno e mi hanno difeso da un sacco di gente.

"Quando un articolo di un quotidiano mi ha preso di punta, quando qualcuno ha cercato di scatenarmi una shitstorm contro, ho sempre potuto contare sul loro supporto. Tranne, ovviamente, nel caso di shitstorm che si scatenano partendo dai loro scherzi cretini."

LA VERA ISPIRAZIONE DI DEPRECABILE

DOLA

/do·la/
{**1.** Appartiene alla categoria di persone che si tende a non voler ascoltare per la paura fondata che abbiano ragione: quelle che ci conoscono e ci vogliono bene davvero. **2.** Balia (a tempo pieno). **3.** Straordinariamente obiettiva.}

~prima apparizione:
La profezia dell'armadillo (2012)

Dola è un personaggio che hai usato in poche storie, ma che ultimamente fa capolino più spesso. Ce ne parli?
Allora, Dola compare per la prima volta ne *La profezia dell'armadillo,* nella striscia sulle formiche, come personaggio saggio che guarda sconsolata le stranezze di Zerocalcare.
In realtà Dola è la matrice originale del personaggio di Sarah, infatti ha alcune delle sue caratteristiche (i vestiti, per esempio, sono identici a quelli di Sarah adolescente, così come le farfalle sulla testa e un nido d'uccello). Solo che Sarah nel tempo si è autonomizzata in parte come personaggio, nel senso che, pur cercando di rimanere fedele alla persona reale, ha compiuto delle scelte nei fumetti che a volte erano a servizio della storia e non ricalcavano il comportamento della persona vera. Dopo dieci anni il solco tra il personaggio e la persona che la ispirava si è ampliato.
Dola (che ho riusato ancora in altre storie, e che vorrei riusare in futuro) dovrebbe riprendere più da vicino quella che è la persona vera oggi.

< da *La profezia dell'armadillo*

Dola compare anche tra la folla del finale della serie Netflix *Strappare lungo i bordi*. Si tratta evidentemente di una persona che è importante per te, al di là del fatto che non è un personaggio chiave del tuo narrare. Ci racconti una volta in cui ti ha realmente "salvato"?
In realtà Dola mi ha salvato tante volte e in maniera profonda, e forse è per questo che è sempre rimasta a latere del mio narrare: perché sta in quella sfera che non mi piace dare in pasto al pubblico. Da quando avevo diciotto anni ha sopportato tutti i miei momenti di peggior abisso... anche se non ci vediamo con costanza, rimane una persona che mi conosce come un libro aperto: basta che senta il mio tono della voce al telefono quando dico "pronto" perché capisca tutto. Per questo a volte non rispondo al telefono, perché non voglio sentirmi inchiodato dalla Voce della Saggezza.

^ da *La profezia dell'armadillo*

Quando crei un personaggio basato su qualcuno di reale, capita mai che altri amici fraintendano e non capiscano realmente di chi si tratta, attribuendo identità errate ai tuoi personaggi?
Sì, in realtà capita piuttosto spesso perché comunque nei nostri disastri siamo fatti con lo stampino, quindi quando racconto di un personaggio allo sbando ci sta un ventaglio di persone che potrebbe sentirsi chiamato in causa. Solo che siccome è pure gente con scarsa coscienza di sé, spesso la persona che ha realmente ispirato il personaggio lo vede e dice: "Ah, questo dev'essere quel fallito di Tizio."

Negli ultimi dieci anni ti è successo di parlare con qualcuno e di pensare "se va avanti così diventa un personaggio in una storia"? Ci dici un caso in cui è successo, da quando sei famoso come autore di fumetti, e un caso in cui hai rinunciato a malincuore a immortalare qualcuno?

Monitoro sempre la situazione di chi mi sta intorno: quando le vite vanno sufficientemente a rotoli, si guadagnano il posto nei miei fumetti. Quindi in realtà auguro a tutte le persone a cui voglio bene di non finirci mai.

Ci sono un paio di casi però che sarebbero proprio adatti: vite brillanti e risolte che erano state rimosse dai miei fumetti perché troppo perfettine, che ho visto negli ultimi anni sgretolarsi e rimanere in piedi per miracolo su castelli di menzogne. Sarebbero perfette, perché sono emblematiche per raccontare la fragilità di quella condizione di quando uno si sente "arrivato", e che però rischia sempre di perdere tutto in un attimo.

Però siccome sono persone che cercano di mantenere un'ingannevole apparenza di normalità, ho il terrore che, raccontando le loro vicende anche modificandone i nomi o le fattezze, sarebbero riconosciute e accelererei il loro schianto.

Quindi aspetto pazientemente.

IL FONDAMENTALE RUOLO DI DOLA

GENITORE DUE

/ge·ni·to·re du·e/
{**1.** Assurto alla celebrità nei fumetti del figlio per schiettezza e domande dirette, è un personaggio ancora poco conosciuto. Di lui va detto che è generoso, leale e onesto. **2.** Va al sodo senza esitazione.
3. Non accetta che il figlio in fondo se la sia cavata niente male.}

~prima apparizione:
La profezia dell'armadillo (2012)

v da *La profezia dell'armadillo*

Rispetto a dieci anni fa tuo padre ha compreso meglio cosa fai di lavoro?
Sì e no. Nel senso che credo sia in grado di spiegare abbastanza bene che faccio i fumetti, ma credo fatichi ancora a considerarlo qualcosa di "stabile" e con una sua dignità culturale. Nel senso che qualunque soggetto vagamente istituzionale che cerchi di interfacciarsi con me, che sia il più grosso quotidiano italiano o l'assessore al turismo di una frazione di diciotto abitanti vicino a Pizzo Calabro, io per lui devo comunque dirgli

di sì e accettare con gratitudine che dei signori con un lavoro vero si interessino alle cosine mie.
Ogni tanto poi conosce il padre di qualche altro fumettista, e mi chiama per dirmi cose tipo: "Vedi, lui ha fatto uscire un libro in Francia, è più concreto di te, ha capito come farlo diventare un lavoro vero." E non esiste nessun dato di vendita che possa fargli cambiare idea.

^ da *Dimentica il mio nome*

Che aspettative aveva per te, quando eri piccolo? Hai in qualche modo deluso qualche aspirazione genitoriale?
Va be', credo che dentro mio padre facciano a cazzotti due sentimenti fortissimi. L'orgoglio per il lavoro che faccio, che so che esiste perché purtroppo lo va a raccontare pure ai camerieri se va a mangiare fuori, e la delusione mortale per tutto quello che riguarda la sfera sportiva.
Il fatto che a trentanove anni ancora provi a farmici appassionare è quasi commovente.

Se lo avessi avvisato prima del fatto che gli avremmo dedicato una voce di questa raccolta, cosa ti avrebbe chiesto di dire, su di lui, secondo te?
Non devo fare un particolare sforzo di immaginazione perché è quello che mi chiede di dire a ogni cazzo di intervista: "DI' CHE HAI PRESO TUTTO DA ME."

“Non so giocare a calcio, non guardo il calcio, non guardo il gran premio, la formula 1, la motoGP, non mi piace andare in barca: praticamente sono il fallimento totale delle aspirazioni classiche che si proiettano sui figli maschi.”

Chi scrocca i servizi di streaming all’altro, tra voi due, e, ancora più importante: tuo padre che tipo di serie o di film guarda?
Perlopiù siamo io e qualche amico mio che scrocchiamo le sue piattaforme. Le serie che guarda rispondono a un criterio semi casuale che ha un motivo assurdo. Mi capita di andare a lavorare la sera a casa di mia madre, se ho bisogno di un gendarme che mi controlli e non mi faccia distrarre dopo dieci ore di disegno ininterrotto. Lì di solito guardiamo qualcosa, mettiamo per esempio *The Great,* la storia di Caterina la grande, che sta su Rakuten TV. Mio padre magari passa da quelle parti tornando dal lavoro, vede la mia macchina sotto casa di mia madre, sale a salutarci, e si accorge che stiamo guardando quella serie. Quindi torna a casa sua e per stare sul pezzo prova a guardarla anche lui. Solo che non ha nessuna contezza di nulla, né delle differenze tra piattaforme, né degli attori, letteralmente di nulla. Quindi per sentirsi coinvolto trova qualsiasi cosa, in qualsiasi servizio di streaming, che abbia un nome che gli ricorda vagamente quello che stavamo guardando, e inizia intense sessioni di binge watching di queste serie completamente a caso che non ricordano in nulla la fonte originale e magari sono oscuri sceneggiati polacchi neanche doppiati. Non so cosa aggiungere, lascia basito anche me.

MENO MALE CHE È USCITO 'STO PUPAZZO

- UN ANNO COSÌ, TUTTI I GIORNI -

GENITORE UNO

/ge·ni·to·re u·no/
{**1.** Tra i personaggi più amati dell'universo di Zerocalcare. Può vantare tutti i superpoteri di una mamma. Tra i suoi principali avversari, talvolta, il figlio. **2.** Pazienza infinita. **3.** Limitata comprensione della modernità.}

~prima apparizione:
La profezia dell'armadillo (2012)

Tua madre ha fatto pace con il modo in cui la raffiguri nei fumetti, dopo dieci anni?
Sì, mi pare si sia assuefatta. Ormai comunque il mondo la identifica con Lady Cocca, i colleghi la presentano ai nuovi arrivati dicendo "lei è Lady Cocca", la gente le regala galline di coccio al compleanno. Praticamente la sua identità pubblica è stata riplasmata. Se non ci avesse fatto pace si sarebbe già ammazzata.

^ da *La scuola di pizze in faccia del professor Calcare*

^ da *Scheletri*

Com'è cambiata la sua percezione del tuo lavoro, dal 2011 a oggi? Partiamo dal presupposto che mia madre mi ha sempre supportato molto. Forse però sperava che portassi avanti anche gli studi. Solo che io l'università non sono stato capace di farla, i lavori li ho persi tutti, quindi a un certo punto è rimasto solo questo. Lei ne è sempre stata molto orgogliosa, ma credo ci abbia messo un po' a convincersi che effettivamente sarebbe diventato il mio lavoro. Adesso però lo prende molto sul serio, tanto da sorbirsi tutta una serie di accolli che io le scarico addosso, perché quando sono oberato di consegne non riesco a fare nient'altro, tipo: "Quando vai a fare la spesa mi compri pure gli yogurt e me li porti?" oppure "Se non lavori, domenica mattina alle 6 mi dai uno strappo in stazione che ho uno zaino di trecentoventi chili?".

"In qualche modo per lei il percorso doveva essere un altro: l'università, un lavoro più 'sicuro'. I fumetti erano qualcosa che poteva viaggiare in parallelo."

∨ da *La profezia dell'armadillo*

Ti sei mai dovuto censurare nel raccontarla, per evitare di litigarci? E qualche volta la sua raffigurazione l'ha fatta rosicare?

Certo, mi censuro continuamente. Sul telefono ho un audio di diciannove minuti di me che cerco di spiegarle la differenza tra un browser e l'internet nella sua interezza, vorrei caricarlo su YouTube insieme a delle immagini di massacri e torture. Ma non lo faccio. Per questo non può rosicare delle sue raffigurazioni, sono sempre molto edulcorate.

Genitore due si lamenta mai che c'è più Genitore uno di lui, nelle tue storie? Come se la vivono?

Genitore due si lamenta continuamente, sia della scarsa presenza sia della qualità – assolutamente fedele alla realtà – dei suoi interventi. Una volta mi ha detto che si sarebbe iscritto all'Università della Terza Età, poi nella conversazione ha ridimensionato la questione in un più fumoso e generico "corso di Storia di 10 ore" per smentire il fatto che parli solo di fregna.

∧ da *Dimentica il mio nome*

BOOMER PRIDE
WAZZAPP MI BLOCCA I MESSAGGI. NON SO PERCHÉ.
FORSE C'ENTRA CHE HO CAMBIATO LE PILE AL TELECOMANDO DELLA TELEVISIONE...
PER NOI UN NOKIA 3310 O LA MACCHINA DI TURING
SONO LA STESSA COSA
(MA SAPPIAMO FISSARE UNA MENSOLA)

GIANCANE

/gian·ca·ne/
{**1.** Cantautore versatile, compositore di colonne sonore. Talvolta personaggio dei fumetti. **2.** Rende cool anche la tristezza. **3.** Capisce al volo di cosa hai bisogno.}

~prima apparizione:
Niente di nuovo sul fronte di Rebibbia (2021)

Se è vero che il colore sta alle tavole a fumetti come il suono sta all'animazione, il filo che lega Alberto Madrigal e Giancane non è poi così sottile. Ecco perché la seconda voce che racconta Zerocalcare è proprio quella del cantautore Giancane!

Giancane, quando hai conosciuto Zerocalcare?

La prima volta che ci siamo presentati stavamo girando un video con Il muro del canto al Sans Papier, e mi sembrava una persona normale. Poi ci siamo conosciuti meglio e ho capito che forse di normale ci sta ben poco, fortunatamente.

Com'è nata la vostra prima collaborazione?

La nostra prima collaborazione è stata sul video di un mio pezzo, scritto insieme a Rancore, chiamato *Ipocondria*. Sapevo che anche lui non stava messo benissimo sul lato "socio/sanitario" e mi sono detto: "Chi meglio di lui può capire questa canzone?" Glielo chiesi e mi ricordo che mi disse che voleva proprio iniziare ad animare le sue cose, in quel periodo. E così ci abbiamo provato.

v da *Ipocondria* di Giancane

v da *Ipocondria* di Giancane

Se dovessi per forza essere un altro personaggio di Zerocalcare, già esistente, chi sceglieresti?
È una domanda un po' bizzarra. Il fatto che alcuni personaggi li conosca nella realtà mi spiazza sulla scelta. Ma, per idee e pensieri, direi proprio Zero: non per fare il mitomane, ma molte elucubrazioni mentali e paranoie di vita si sovrappongono e combaciano perfettamente.

LE RIUNIONI CREATIVE CON GIANCANE
PER LA COLONNA SONORA DELLA SERIE

SE STAMO 'NA MERDA NOI DEVONO STA 'NA MERDA TUTTI.

GIULIA COMETTI

/**giu·lia co·met·ti**/
{**1.** Personaggio poco ricorrente nelle storie di Zerocalcare, ma dall'impatto emotivo devastante. Non vanta pregi, solo difetti. **2.** Brutto ricordo. **3.** Persistente nella memoria.}

~prima apparizione:
Un polpo alla gola (2012)

Fin dai tempi di *Un polpo alla gola,* tutti hanno avuto la sensazione che Giulia Cometti fosse basata, se non su un personaggio reale, almeno su una situazione realmente accaduta. È così?
Sì, in *Un polpo alla gola* mi riferivo a una persona specifica, una bambina che – se dovessi giudicarla con i criteri dell'epoca – era stronza e cattiva. Era in cima alla casta più alta della scuola, ovvero quelli stronzi e ricchi, incredibilmente crudeli nel rapportarsi con gli altri. Ovviamente, come tutti i bambini, anche loro erano pieni di fragilità, e potevano sanguinare come tutti gli altri. Ma a quei tempi succedeva così raramente che quelle occasioni ci sembravano momenti di rivalsa.

^ da *Un polpo alla gola*

Quando poi hai iniziato a pianificare la trama di *Macerie prime,* il personaggio di Giulia Cometti è tornato in scena, anche se in realtà non si vede praticamente mai. Come ti venne in mente di usarla in quel ruolo?

Eh, nella vita vera quella Giulia Cometti non è la stessa del *Polpo.* C'è qualcosa che però mi ha portato a fare questa scelta di unirle in un personaggio unico: effettivamente, crescendo, molti di quei bambini ricchi e stronzi sono crollati. In un sistema così crudele, inciampare una volta poteva significare perdere per sempre il proprio ruolo. Inoltre, crescendo cambiano gli status symbol: non sempre uno rimane sulla cresta dell'onda. Tantissime persone che conoscevo sono diventate umili, gentili, altre spezzate dalla vita che non è andata come avevano previsto. Mi interessava raccontare questo cambiamento, ma non avrei mai raccontato il vero tentativo di suicidio di una persona specifica, reale e riconoscibile, senza il suo consenso. Quella è solo una storia tra le tante che ho conosciuto, "affibbiata" a Giulia Cometti.

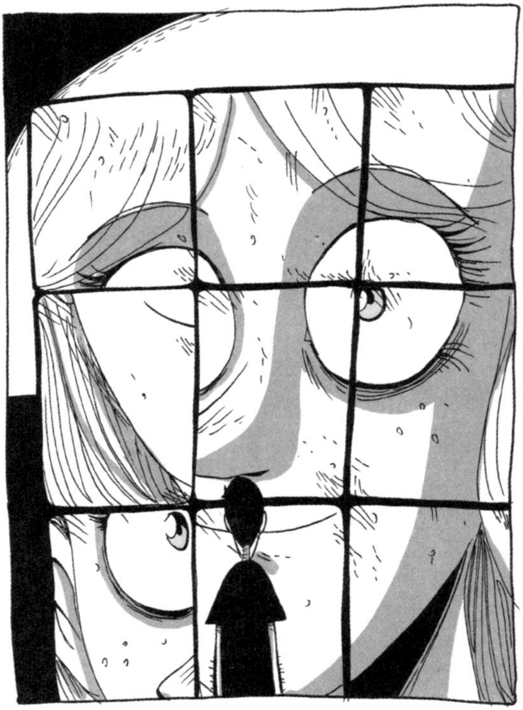

Ti è capitato davvero, nella vita, di sentirti in colpa, in difetto, per aver trattato male qualcuno che poi si è rivelato "innocente" delle colpe che ascrivevi loro?
Oddio, innocente-innocente non lo so, di sicuro mi sono sentito in colpa per la severità con cui ho trattato alcune persone. Che pure se erano colpevoli non si meritavano il mio rancore eterno e la cancellazione dalla mia vita. Non sono tante eh, giuro, ma qualcuna ci sta. Ero un rosicone proprio, d'altronde.

Idealmente, nel Calcareverse, ora Giulia Cometti che fa?
Si arrabatta con la sua vita, cercando di rimanere faticosamente sui binari giusti, ma sempre con la paura di riscivolare nel baratro, chiedendosi se potrà mai tirare il fiato e sentirsi sicura che quell'abisso ormai è lontano, oppure se vivrà sempre in bilico.

LA VERA GIULIACOMETTI, LEGGENDO I MIEI LIBRI

GUARDIANO DEL TEMPISMO

/guar·dia·no del tem·pi·smo/
{**1.** Uno dei primi personaggi simbolici creati da Zerocalcare. La sua presenza è ineluttabile, ma a volte viene sconfitto dalla distrazione e dalla rimozione. **2.** Sa sempre quanto tempo resta per fare una cosa. **3.** Te lo dice quando avresti bisogno di calma e concentrazione.}

~prima apparizione:
La profezia dell'armadillo (2012)

Ma come t'è venuto in mente?
Sapevo di avere bisogno di una presenza ricorrente nel corso degli anni che avesse quell'alone di "pericolo" intorno a sé. All'inizio però avevo optato per qualcosa di più "serio" e meno didascalico: nella prima versione di quelle tavole c'era una specie di lupo feroce, che nella mia testa doveva rappresentare proprio la ferocia del tempo che passa. Poi ho pensato che non avevo abbastanza fiducia nell'umanità e in me stesso per poter essere sicuro che si sarebbe capito il messaggio, così ho deciso di renderlo più didascalico, di mettergli in mano proprio un orologio e di far suonare la sveglia, cosicché non ci fossero dubbi di interpretazione.
In verità tutto il mio lavoro da sempre si è barcamenato tra la voglia di fare ogni tanto delle cose un po' ermetiche e misteriose, e il terrore che non le capisse nessuno. Ha quasi sempre vinto il secondo.

> da *La profezia dell'armadillo*

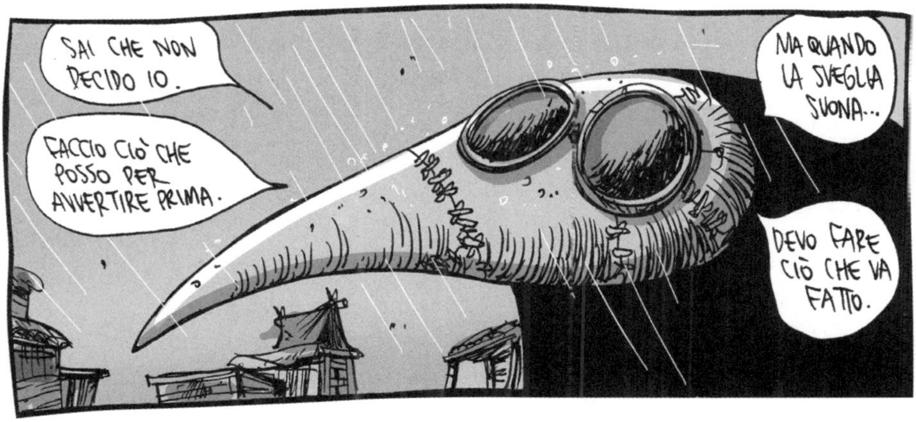

Tu racconti sempre di aver cominciato subito a ricorrere alle manifestazioni di personaggi reali e immaginari nelle tue storie per poter "pensare ad alta voce", invece che scrivere lunghissime didascalie di monologo interiore. Ma il Guardiano è un'altra cosa: come mai non ha volto, ed è così iconico, così diverso dagli altri contraltari delle tue storie?
Gli volevo dare un carattere misterioso, non immediatamente intellegibile, affinché il lettore non capisse che in realtà lui mi insegue per tutto il fumetto per aiutarmi, per spingermi a darmi una mossa, non per minacciarmi. Mi avverte della minaccia, non è lui stesso la minaccia. Quindi questo lato silenzioso e solenne mi sembrava funzionale allo svelamento. Anche se in verità ero prontissimo a fare un grande colpo di scena: che a un certo punto si levava quella maschera con il becco e sotto ci stava l'armadillo, come a indicare che la mia coscienza in qualche modo mi aveva provato ad avvisare che il tempo a disposizione non era infinito. Forse l'idea del becco da monatto viene proprio dalla possibilità di infilarci dentro il muso da armadillo. Non mi ricordo nemmeno perché alla fine l'ho scartata, forse non mi andava di "abbassare" la sua figura in una specie di farsa, o forse banalmente sono arrivato lungo con i tempi di consegna e non avevo tempo di disegnare quella sequenza. Sono molto felice in ogni caso di non aver fatto 'sta cazzata.

Il suo look è quindi una specie di versione distopica di un monatto dell'epoca della peste. Domanda freudiana: quanto ti ossessiona, personalmente, lo scorrere del tempo?
È il mio moloch vero. Ma da sempre eh, non è che da ragazzino ero spensierato e poi mi sono incupito quando ho visto il primo capello bianco. Mi ricordo che al compimento dei dieci anni ho pensato distintamente "Okay, mi sembra di essere nato da un battito di ciglia, e invece sono già dieci anni. Se prendo questa unità di tempo che ho vissuto, e la moltiplico per 8 volte circa, poi muoio. Mi restano solo altri 8 slot uguali a questo. 8 è pochissimo. E prima ancora, tra 5 slot circa, moriranno i miei". E questo pensiero mi accompagna sempre, anche adesso. Se penso che ho vissuto quasi metà della mia vita totale (ad essere ottimisti e se va tutto liscio, ovviamente), mi prende un'angoscia che non riesco a levarmi per tutta la giornata.

Tra gli altri avatar delle cose inevitabili o dei pericoli morali presenti nelle tue storie, qual è il tuo preferito, oltre al Guardiano, e perché?
Il concetto del Demone dell'inadempienza è quello che mi sento cucito addosso in modo più forte. Anche lì c'entra lo scorrere del tempo, anche se in maniera diversa. Quella vocina nel tuo cervello in background che non ti fa godere nulla e continua a farti sentire in colpa ripetendoti tutto quello che dovresti fare e non stai facendo è tipo la colonna sonora della mia esistenza.

"Penso che rimandare le cose e renderci conto di quanto erano importanti solo dopo che le abbiamo perse sia il minimo comune denominatore della specie umana dalla scoperta del fuoco a oggi. Non è un concetto che penso avrà mai una scadenza."

COSA SI CELA DIETRO LA MASCHERA?

UNA FIGURA MISTERIOSA TETRAMENTE FAMILIARE PER TANTI DI NOI_

GUARDIANO DELLA P.C.O.

/**guar·dia·no del·la p.c.o.**/
{**1.** Guardiano della Purezza, Coerenza e Ortodossia. Monito vivente, protettore della legittimità morale. Abilissimo nel farti sentire in colpa se sgarri, non sta mai zitto. Tra i suoi avversari più acerrimi, il qualunquismo. **2.** La consapevolezza delle conseguenze. **3.** Se lo ascolti, ti protegge dalla vergogna.}

~prima apparizione:
Niente di nuovo sul fronte di Rebibbia (2021)

Tu sei sempre stato ossessionato dalla coerenza culturale e morale nei fumetti che facevi? O è un'esigenza che è sorta a un certo punto della tua carriera di autore?
Allora, in passato ero molto più talebano di adesso, ma facevo una distinzione abbastanza netta tra il disegno come passione, su cui ero molto intransigente, e il lavoro che di per sé è lo spazio del compromesso. Era un binarismo che reggeva sul fatto che non ero conosciuto, quindi fare delle anonime illustrazioni per un'azienda per campare non entrava in conflitto con l'attività di illustratore per il punk o per i centri sociali. Quando il mio segno è diventato più riconoscibile ed è stato associato da tutti alla mia persona e all'identità che mi porto appresso (politica, autoriale, ecc.), è come se queste cose all'improvviso mi fossero state precluse. Dal momento in cui il lavoro, la passione, la politica, tutto si è fuso e sovrapposto, come faccio a dire "Okay, se mi pagate bene questo lavoro io in cambio vi regalo non solo un disegno, ma tutto un patrimonio di relazioni, identità, valori, fiducia collettiva"? È una cosa che non si può fare, stop.

> da *Niente di nuovo sul fronte di Rebibbia*

Come si manifesta, quando inizi a raccontare qualcosa, il Guardiano della Purezza, Coerenza e Ortodossia? Succede spesso che debba sgridarti?
Il guardiano mi sgrida sempre, nel senso che la mia vita è così piena di contraddizioni e di input antitetici tra loro che ci sono continuamente occasioni per chiedersi se sto tenendo la barra dritta o meno.
Di solito il dilemma che mi pone è: quello che stai facendo è compatibile con la tua morale talebana di quando avevi venti anni? Il te ventenne ti approverebbe o ti sputerebbe in faccia? Se riesco a imbastire una spiegazione convincente, mi lascia in pace. Sennò vince lui e non lo faccio.
Poi ovviamente sono cambiate tante cose, il contesto, la mia sensibilità, si commettono degli errori di valutazione... Spero mi si conceda l'attenuante della buona fede.

> *"Non voglio dire di avere sempre mantenuto la coerenza e la purezza in maniera impeccabile: tutto è soggetto a critica e ho fatto un miliardo di scivoloni pure io."*

Quanto il motivo della tua coerenza è legato a persone che, nel tuo tessuto sociale, ti giudicherebbero male se facessi certe scelte e quanto lo fai per te stesso e per la tua coscienza?
Diciamo che crescendo sono diventato più indulgente verso chi accetta compromessi perché deve arrivare a fine mese, e più intransigente verso chi non ha davvero un bisogno. Io ora appartengo alla seconda categoria, campo del mio lavoro in maniera più che soddisfacente e non avrei davvero nessuna giustificazione morale per fare compromessi indecenti.

v da *Niente di nuovo sul fronte di Rebibbia*

Puoi raccontare una volta in cui, a dispetto delle migliori intenzioni, sei stato accusato di non aver rispettato i dettami del Guardiano della P.C.O.?
Bah, tantissime volte. Quella più macroscopica forse riguarda la realizzazione del murale del mammut fuori dalla metro Rebibbia. Mi era stato chiesto dalla fiera della piccola editoria, e volevano che ci mettessi i miei personaggi. Io mi ero fatto mille problemi, mi pareva di colonizzare lo spazio collettivo con i personaggi miei, quindi ho scelto di fare il mammut che è patrimonio di tutti e di lasciare una traccia in cui potessero riconoscersi tutti, pure quelli a cui sto sul cazzo.
Non avevo considerato il dibattito interno al mondo della street art, in un periodo in cui i writer illegali venivano sanzionati con durezza, mentre con l'altra mano si coccolava chi produceva opere autorizzate. Accettare di lavorare a un murale "legale" a molti è sembrata una scelta di campo e una legittimazione di quelle politiche repressive. Lì sono stato in grossa difficoltà, ovviamente per colpa della mia leggerezza.

LA RICERCA DELLA COERENZA

KATJA

/ka·tja/

{**1.** Personaggio che dalla prima apparizione in *Dodici* al suo ritorno in *Macerie prime* ha modificato look e atteggiamento nei confronti della vita. **2.** Acutamente consapevole della realtà dei fatti. **3.** È così leale da essere realista e onesta anche quando c'è bisogno di una bugia pietosa.}

~prima apparizione:
Dodici (2013)

Quando hai disegnato il personaggio di Katja la prima volta era molto diversa da quella che, anni dopo, abbiamo ritrovato in *Macerie prime*. È stata un'evoluzione narrativa, o anche legata ai cambiamenti della persona cui ti sei ispirato per crearla?
In realtà Katja è ispirata da tante persone diverse perché non avevo mai pensato di farla diventare un personaggio fisso. In *Dodici* riprendevo, cambiandone la pettinatura, un personaggio che avevo già usato nella *Profezia dell'armadillo,* la ragazza in fissa con i film di Romero che mi disprezzava perché non ne sapevo abbastanza. Mi sembrava il personaggio giusto da riutilizzare in una storia di zombi, e ne avevo alterato l'aspetto per renderla più coatta, ispirandomi a una persona che aveva quelle caratteristiche, soprattutto nella sua gioventù, ma non esploravo quasi nulla della sua biografia. In *Macerie prime* invece diventa un personaggio completo (nei limiti di quanto io possa essere capace di rappresentarla): è come se fosse andato stratificandosi, e la sua sintesi finale è quella più complessa.

< da *Dodici*

In caso di invasione zombi, chi vorresti davvero con te, per uscirne vivi, oltre a lei?
Sicuramente Secco, per la sua capacità di adattamento e sopravvivenza. E poi, in generale, in ogni grande cataclisma io vorrei le persone con cui sono andato in Kurdistan nel viaggio raccontato in *Kobane Calling*. Sono quelle di cui mi fido ciecamente, a cui già più volte ho messo in mano la mia integrità fisica e la mia libertà personale. Se mi hanno riportato vivo dopo essere stati a un passo dall'ISIS e in un posto dove si mangiavano olive piccanti e formaggio caprino alle 8 di mattina, di sicuro sono le persone con cui vorrei affrontare un'apocalisse zombi.

^ da *Dodici*

È più difficile, per un autore maschio, raccontare in modo convincente un personaggio femminile?
Sì, nel senso che dobbiamo prima di tutto scrollarci di dosso tutta una serie di filtri, automatismi, pregiudizi, con cui noi guardiamo l'altro sesso. E non parlo solo delle manifestazioni più estreme e folkloristiche, tipo quelli che pensano che una donna deve stare a casa a fare figli, ma anche cose più sottili e meno didascaliche, micro riflessi che sono quasi fisiologici ma che, poi, nella narrazione rischiano di perpetuare stereotipi che oltre a rendere un pessimo servizio alla società sono anche noiosi e scontati da leggere.
In *Dodici* questo problema me lo sono posto poco, perché è un libro sostanzialmente d'azione in cui non viene indagata quasi mai la psicologia dei personaggi, ma già in *Macerie prime* mi sono reso conto che non ero proprio in grado di farlo.

Per quello ho dovuto bussare a casa della persona a cui ho accollato la personalità di Katja, e iniziare a farle domande e prendere appunti su un taccuino, per far parlare il personaggio in maniera quanto più fedele a lei. Poi ovviamente il filtro dell'autore ci sta sempre, quindi il problema non è "risolto", ma mi sembrava un buon modo per tamponarlo.

Se dovessi pensare a una storia futura in cui Katja può avere un ruolo, che tipo di storia sarebbe, e perché sarebbe adatta a lei?
Io – e qui dico una cosa terribile che farà rizzare i capelli agli psicologi – credo che più invecchiamo e più accumuliamo mostri, aspetti irrisolti, asperità. È così per tutti i personaggi miei, per le persone a cui si ispirano, è così per me, ed è così anche per Katja. Quindi di sicuro fare i conti con i 40-45 anni è una cosa che per un personaggio come Katja riserverebbe tanto materiale narrativo. Però mi piacerebbe pure prendere quel personaggio, con i suoi mostri e i suoi scheletri, e calarlo in un contesto invece completamente diverso, in una storia d'azione o di spionaggio. E vedere come reagisce, adesso che è più vecchia e più scafata di quanto non fosse in *Dodici*.

v da *Macerie prime - Sei mesi dopo*

LO SPINOSO AFFAIRE KATJA

IL PERSONAGGIO DI KATJA, COME LA PERSONA A CUI È ISPIRATO, HA PASSATO VARIE FASI TRA CUI:

- FURIOSA CACCIATRICE DI ZOMBI -

- DONNA CHE VOLEVA UN FIGLIO MA NON RIUSCIVA AD AVERLO.

QUESTA TRAIETTORIA MI FA VIVERE NEL TERRORE DI QUESTO ENDORSEMENT:

MADAME CHANG

/ma·da·me chan·g/

{**1.** Presenza enigmatica di cui non viene mai svelato il mistero, è una rosicona che odia tutti coloro che scopano facile. **2.** Ha un'opinione su tutto. **3.** Dotata di una dialettica molto efficace.}

~prima apparizione:
La scuola di pizze in faccia del professor Calcare (2019)

Ci spieghi il look e l'origine del personaggio di Madame Chang?
Madame Chang entra tardi nel roster dei personaggi (non c'era dieci anni fa, agli inizi), perché in realtà corrisponde a un archetipo umano che si manifesta in questa fase della vita.
Ella è disillusa e inasprita dall'esperienza, ormai non si veste neanche più; gira soltanto in kimono – nonostante abiti a Roma Sud e venga dagli Abruzzi – con gli occhiali scuri a nascondere lo sguardo amaro e una sigaretta affusolata. In realtà nella vita vera non sono certo che fumi queste sigarette affusolate, ma mi sembrava in linea con l'immagine da tenutaria di una fumeria d'oppio cinese del'800 che evoca.
Però porta ancora una frangetta perfetta e le scarpe da punk, per ricordare a tutti da dove viene.
Nei fumetti lei sottolinea, perlopiù con astio e sdegno, i momenti in cui personaggi fittizi di film e serie TV si accoppiano – a suo giudizio immeritatamente – mentre ella non batte chiodo.

> da *La scuola di pizze in faccia del professor Calcare*

v da *La scuola di pizze in faccia del professor Calcare*

È eticamente lecito prendere in giro qualcuno che non rimorchia da un pezzo?

Non so se è lecito, siamo in una terra di mezzo perché i pocoscopanti non si sono ancora sindacalizzati, e quando l'hanno fatto al maschile hanno prodotto gli incel, verso i quali non ritengo di dover avere particolari premure. Però in generale trovo divertente che questo ruolo sia ricoperto da una donna, perché scardina l'idea che le donne debbano per forza essere creature romantiche alla ricerca dell'amore eterno o sessuomani che non guardano in faccia a nessuno. Come tuttə, possono essere frustrate dal fatto di non trovare qualcuno con cui passare momenti soddisfacenti, anche perché comunque un minimo di asticella selettiva la pongono.

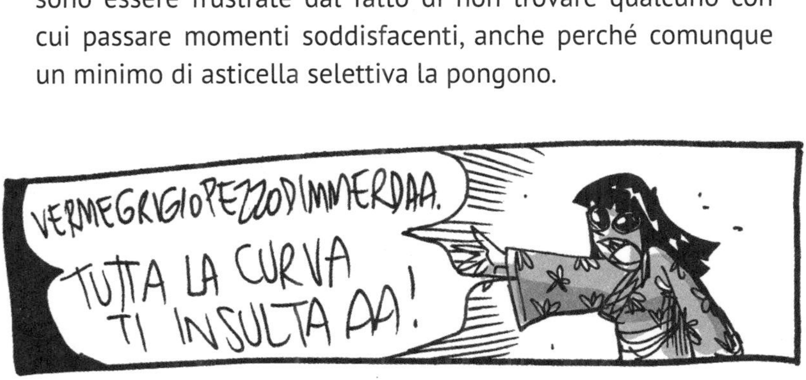

Narrativamente parlando, i personaggi rosiconi sono difficili da scrivere? Perché da leggere sono proprio divertenti!

Madame Chang si scrive letteralmente da sola. Praticamente finora tutti i suoi interventi sono la trascrizione esatta delle cose che dice nella vita vera. Ogni volta che apre bocca su questi temi per me esprime una grande verità, che va immortalata per chi non ha la fortuna di conoscerla.

Questa cosa inoltre mi risolve l'imbarazzante questione di dovermi mettere nei panni femminili e di dover ipotizzare cosa direbbe o meno una donna in questi casi, perché delego tutto alle sue parole.

Madame Chang ha risolto, per il momento?

Nella vita vera è proprio l'esempio di chiagn' e fotte, mortacci sua.

^ da *La scuola di pizze in faccia del professor Calcare*

MADAME CHANG'S WEIRD TALES

NONNA HUGUETTE

/non·na hu·guet·te/
{**1.** Nonna di Zerocalcare, artista a cavallo tra l'Italia e la Francia.
2. Una capacità soprannaturale di comprendere e accettare.
3. A volte dimenticava cosa era vero e cosa no.}

~prima apparizione:
Dimentica il mio nome (2014)

Quanto è stata importante per te tua nonna materna, da bambino, e quanto ha influito sulla persona che saresti diventato?
Mia nonna mi ha dato un grosso imprinting: da piccolo passavo così tanto tempo con lei (perché mia madre lavorava) che a un certo punto ho cominciato a chiamarla mamma. È lei che mi ha trasmesso la passione per il disegno, visto che era l'unica della famiglia ad avere un'attitudine artistica e a non avere le cosiddette "mani fucilate". Era lei che ogni lunedì mi portava allo zoo, è stata la mia vera connessione con le mie origini francesi, e mi ha aperto una serie di mondi che erano lontanissimi da quello che vedevo intorno a me a Rebibbia.
La guerra, la vita in Provenza, la corte dei nobili russi in esilio a Nizza che l'avevano adottata in quanto orfanella, quel misto di educazione aristocratica trapiantata nella periferia romana è stato un allargamento di orizzonti importantissimo.

> da *Dimentica il mio nome*

Quando è mancata hai potuto ricostruire parti della sua vita di cui non avevi mai saputo nulla prima. Come ti è venuto il desiderio di raccontare parte della sua storia?

Da una parte era proprio la deformazione del narratore: era una storia fichissima, mi era stata finalmente consegnata nella sua interezza, era un libro già pronto e per chi fa questo mestiere non poteva che essere una tentazione fortissima.

Però c'era anche altro: la bellezza di quella storia, con tutto il suo vissuto di anni di fughe e dolore e avventure, rischiava di svanire per sempre con la scomparsa di mia nonna. E questa cosa mi dava proprio un dolore fortissimo. Mi sembrava quasi un doverla fissare, in modo che non sbiadisse fino a scomparire.

^ da *Dimentica il mio nome*

Lei ha avuto una vita avventurosa, a suo modo, ma per te era un bastione di sicurezza e stabilità, almeno quando eri piccolo. Come si conciliano in te le "versioni" di lei di cui ora sei a conoscenza?

In realtà non ho mai sentito queste versioni stridere, perché mia nonna pur essendo stata un punto di riferimento è sempre stata "pazza". Cioè, da bambino non me ne accorgevo, ma quando ho iniziato ad avere cognizione del mondo intorno mi è apparso evidente che mia nonna non era proprio una nonna normale. Quindi la scoperta della sua vita avventurosa è servita solo a spiegare e a dare "sostanza" a quella sensazione.

Ogni nonna ha un suo modo speciale di viziare i nipoti. Ci riveli qual era il suo, con te?

Non essendo una nonna tradizionale non ho ricordi particolari legati a qualche leccornia in cucina o qualche regalo o concessione particolare, però l'avermi accontentato per anni nel portarmi ogni maledetto lunedì pomeriggio allo zoo, il raccontarmi le storie su tutti gli animali, per me era il momento più importante della settimana.

MA TUTTE LE NONNE SANNO FARE LE LASAGNE!
PERCHÉ TE NO?
CHE NONNA SEI?
CHE HAI FATTO TUTTO QUESTO TEMPO SE NON HAI IMPARATO A FARE LE LASAGNE?
OH, UN PO' DI COSE CHERÌ.
FFF CHE NOIA.

PANDA

/**pan·da**/

{**1.** Apparso in due soli libri, *Macerie prime* e *Macerie prime - Sei mesi dopo*, simboleggia una modalità di pensiero che rendeva impossibile il solito Armadillo come interlocutore. **2.** Non è facile farlo apparire. **3.** Quando succede non se ne andrebbe mai.}

~prima apparizione:
Macerie prime (2017)

v da *Macerie prime*

Quando hai dovuto creare la nemesi dell'Armadillo, l'Oscuro Signore dei Sith della coscienza, perché hai scelto un panda?
Occorreva un personaggio che ingannasse il lettore e lo facesse sembrare "buono", e i panda godono tradizionalmente di buona nomea. Eppure, oltre a essere tra gli animali più pigri e altezzosi del creato, è una creatura che si accoppia poco perché è sostanzialmente svogliata, una svogliatezza che mette la sua specie a rischio di estinzione. Mangia solo un certo tipo di bambù, ma ha uno stomaco che potrebbe ingurgitare tutto, solo che gli piace solo quel bambù. È oggettivamente un carattere che ti tirerebbe gli schiaffi dalle mani. In più, se gli levi la colorazione juventina, alla fine rimangono dei grossi orsi opulenti che non hanno nulla di tenero. Mi pareva proprio il personaggio giusto.

Era chiaramente un personaggio estemporaneo, necessario alla trama di *Macerie prime,* eppure è diventato un beniamino. Durante il tour dell'inverno 2017 c'erano città dove ti chiedevano molti più disegni del Panda che dei personaggi classici. Tu come te lo sei spiegato?
Il Panda è un termometro dell'insoddisfazione e dell'incattivimento dei richiedenti disegnetti. Più le città in cui andavamo erano vivaci e ospitali, meno persone si riconoscevano in quella figura. Più erano chiuse e aride, e più veniva richiesto il Panda come totem catartico. Dopo questa rigorosa analisi sociogeografica, mi sento di dire che la provincia senese è un posto complicato per i fuorisede.

C'è la possibilità che il tuo protagonista sviluppi altre figure totemiche, in futuro? Perché Armadillo e Panda non sono "personaggi di passaggio" come, non so, Chomsky o Sirio il dragone.
Io disegno sempre alcune figure con cui mi consulto su alcune questioni molto particolari, tipo Vandana Shiva per l'aspetto ecologico, Chomsky per quello accademico, perché in ogni ambito ho sempre qualche personaggio di riferimento. Io finora vedo questa grossa dicotomia: da una parte il farsi carico di tutte le paranoie e le pippe mentali del mondo, dall'altro il fatto di fregarsene di tutto. Sono così schiacciato tra queste due opzioni che non riesco proprio a concepirne una terza, ma non escludo che invecchiando mi si apra il terzo occhio.

v da *Macerie prime - Sei mesi dopo*

"Armadillo e Panda però rappresentano qualcosa di più profondo, sono proprio filosofie di vita a cui uno aderisce integralmente, bussole di comportamento a cui improntare la propria esistenza."

Ti capita spesso, nella vita vera, di avere voglia di abbandonarti alla sacra arte del "cazzotefrega" come insegna il Panda? O tendi più ad auto-accollarti tutti i mali del mondo, come cerca di non farti fare l'Armadillo, ma in fondo è contento che tu lo faccia, così può dirti che sei un "cojone"?
Mi capita spesso di invidiare chi riesce a fregarsene di tutto, credo che siano persone che campano molto meglio. Poi sono persone che perlopiù disprezzo, ma dal momento che se ne fregano pure del mio disprezzo direi che sono virtualmente invincibili. La verità però è che non penso che il mio auto-accollarmi tutti i mali del mondo sia una soluzione auspicabile, è ovvio che il modo sano di stare al mondo è quello di trovare un equilibrio tra queste due posizioni. Io però non sono capace e quindi, più che dare consigli di vita, dovrei essere preso come testimonianza di quanto si campa male a voler sempre dare i resti a tutti.

< da *Macerie prime*

COME HO DOMATO IL PANDA IN ME

UN INDIVIDUO MATURO CONOSCE L'EQUILIBRIO TRA LA GIUSTA PREOCCUPAZIONE PER IL PROSSIMO E LA LEGITTIMA TUTELA DI SÉ.

DA QUESTO ABBRACCIO NASCONO ARMONIA E PACE INTERIORE.

PATURNIA

/pa·tur·nia/
{**1.** Noto come "cattivo" di *Scheletri,* incarna la tridimensionalità del sottobosco criminale di Roma. Quello che non tutti sanno, però, è che appare per la prima volta – da anziano – in *Dodici.* **2.** Spacciatore, estorsore, picchiatore. **3.** Non privo di un certo senso dell'umorismo che fa ridere solo lui. Gli altri lo trovano terrificante.}

~prima apparizione:
Dodici (2013)

Il sottobosco criminale romano che ha dato i natali a Paturnia e che abbiamo conosciuto in *Scheletri* è un mondo pittoresco, interessante e inquietante. Ce lo contestualizzi?
Roma è piena di persone che nella vita "fanno gli impicci", cioè campano di sotterfugi più o meno illegali. Lo so che sembra una banalità, che vale per qualsiasi città, ma da noi questa cosa assume le dimensioni di un'economia parallela estesissima, che spesso garantisce la principale fonte di (scarso) reddito di interi pezzi di città. Non la definirei nemmeno criminale, perché spesso né loro né chi gli sta intorno considera quest'attività criminale: si tratta spesso di persone miti e che trattano la questione come fosse un lavoro come un altro.
Poi ci sono le figure come Paturnia, che invece spiccano perché sono quelle "più matte". Praticamente ogni quartiere ne ha almeno uno. Ci stanno da sempre, fondano la loro

< da *Scheletri*

leggenda sull'eccezionalità delle loro imprese, ogni tanto spariscono perché stanno ai domiciliari o in galera, ma poi tornano sempre. Sono il terrore di chi li incrocia per strada perché non sai mai come potranno comportarsi. Sono apparentemente insensati e mossi solo dalla cocaina, ma ci sarà sempre qualcuno a spiegarti che in realtà sono persone "de core". E probabilmente in un certo senso è vero anche quello, solo che è un lato a cui non tutti hanno accesso. Ogni tanto si favoleggia dei loro rapporti con la criminalità "vera", con le mafie, ma raramente le vite di queste persone vanno oltre i confini del quartiere.
Ovviamente, come in quasi tutto ciò che di rilevante accade a Roma, la cocaina gioca un ruolo fondamentale.

^ da *Scheletri*

Quanto c'è di reale, nella descrizione di Paturnia? E puoi raccontare dove hai incontrato i soggetti che lo hanno ispirato, senza metterti nei guai per iscritto?

Paturnia nasce dalla fusione di vari soggetti: uno era legato al mio quadrante di città (non era del mio quartiere, ma l'eco delle sue gesta arrivava fino a noi), il cui regno di terrore aveva reso la vita abbastanza impossibile alla generazione subito precedente alla mia, i nostri fratelli maggiori, insomma. L'altro invece era un personaggio che "lavorava" nella zona in cui avevo la mia comitiva fissa. Stando tutti i giorni per strada, il confronto con questa persona era quasi quotidiano. Io vivevo però il grande vantaggio di non abitare esattamente lì, e così quando tornavo a casa mettevo una distanza da tutte quelle storie e relativi strascichi, cosa che chi viveva lì attaccato non poteva fare.

PATURNIA PERCEPITO DA SE STESSO_

PATURNIA PERCEPITO DALL'ESTERNO.

Paturnia è il "cattivo" di *Scheletri* e la scena della katana in mezzo alla strada di notte è iconica come poche altre nei tuoi libri. È successa veramente?

È successa, sì. Ma se isoliamo i singoli frame, Roma è piena di scene surreali e iconiche che non capisci da dove escono fuori. Gente che brandisce una katana in mezzo alla strada, animali esotici che attaccano ispettori di polizia, persone che si picchiano lanciandosi contro animali morti surgelati... tutte cose che sui titoli dei giornali sembrano assurde, poi se conosci le storie che ci sono dietro sembrano perfettamente logiche. Uno era un collezionista di cimeli orientali... un altro salvava irregolarmente gli animali esotici e aveva casualmente ricevuto in casa dei petauri dello zucchero... un altro ancora stava portando a seppellire il gatto deceduto la settimana prima e tenuto in freezer... insomma, la vita è piena di frame da cartolina.

^ da *Dodici*

Qual è il percorso del personaggio di Paturnia, narrativamente, che lo porta dall'essere il pericoloso sociopatico di *Scheletri* al potenziale salvatore dei pochi superstiti umani a Rebibbia di *Dodici?*

È un percorso che segue – idealmente e con molte libertà e licenze – quello delle persone a cui è ispirato. Uso il plurale perché Paturnia, come detto, è il risultato della fusione di varie persone vere incontrate nella mia vita, a metà tra il bullo e il piccolo malavitoso. Principalmente due, ma poi avevo un vasto catalogo da cui pescare. Uno di loro è morto, gli altri più o meno hanno seguito quel tipo di traiettoria descritta nei libri. Da giovani completamente matti e mine vaganti a vecchi borbottoni che raccontano ossessivamente le loro bravate di gioventù. Comunque, rimangono personaggi-pilastro della mitologia urbana.

C'è il messaggio implicito, in questo personaggio, che anche se quando eri più piccolo ti facevano paura e non erano assolutamente una figura positiva, i Paturnia della tua vita sono stati realmente preziosi per la tua educazione?
Allora, in verità io non voglio assolutamente romanticizzare queste figure, che aldilà del folklore nei racconti sono comunque delle piaghe dei quartieri, prepotenti, terrore delle persone più deboli e vulnerabili. Insomma, alcuni di questi sono davvero l'equivalente preciso dell'orco o del troll che terrorizza il villaggio nelle favole mitteleuropee. Dopodiché, come ogni difficoltà, sono personaggi che ti insegnano a stare al mondo. Avere un Paturnia domestico in quartiere ti insegna a riconoscere e a sopravvivere a tutti i Paturnia del mondo.

In caso di apocalisse zombi, meglio avere accanto una carogna patentata? Tu hai sempre uno sguardo affettuoso anche verso i personaggi più efferati del tuo quartiere e dintorni, come mai?
Rispondo a questa domanda in modo serissimo perché lo considero plausibilissimo e financo urgente. Di base, se ci fosse un'apocalisse zombi preferirei avere accanto persone leali e attente perché – forse consapevole di quello che la natura mi ha dato – ritengo più auspicabile uno scenario in cui moriamo tutti insieme piuttosto che uno in cui i più coatti si salvano e i più deboli vengono lasciati al macello.

"Ho sempre uno sguardo affettuoso un po' perché io amo gli ecosistemi nel loro insieme, e anche le creature più efferate ne fanno parte, e un po' perché ho imparato che spesso l'efferatezza è solo un lato di un poligono molto più sfaccettato. A volte. Paturnia mi sa che è efferato e basta."

I FANTASMI DELLA GIOVENTÙ

PROFESSOR CECCO

/**pro·fes·sor cec·co**/
{**1.** Personaggio minore di *Kobane Calling*, ha in realtà un'importanza fondamentale nell'universo di Zerocalcare. Leale e sincero.
2. Apparato riproduttivo al mentolo. **3.** Decisamente inopportuno.}

~prima apparizione:
Kobane Calling (2016)

v da *Kobane Calling*

Inutile fingere, il professor Cecco è una persona reale. Perché è importante nella tua vita e come lo hai conosciuto?
Ah boh, in realtà lo conosco da quando sono ragazzino. Era parte del variegato mondo dei centri sociali romani: quasi vent'anni fa ci sono finito in Palestina insieme, in un rocambolesco viaggio a Gaza in cui mi ruppi lo scafoide scavalcando un muretto per fare invasione di campo per festeggiare la vittoria nostra contro una squadra di bambini palestinesi, tipo. Da lì in poi ha fatto parte di quella comunità di persone che ci sono sempre state quando ce n'era bisogno.

In *Kobane Calling* lo ricordiamo perché si vantava di una cosa molto specifica che lascio spiegare a te. Lo ha fatto o lo fa davvero?
Non so come spiegarlo al lettore. Immaginate di non potere mai abbassare la guardia, perché ogni volta che qualcuno vi chiede tipo "... ma tu lo sapevi?" e voi magari distrattamente rispondete "... cosa?" perché non avete sentito l'inizio della frase, pensate, o perché avevate la mente altrove, la risposta è la terribile sentenza: "CHE IL CAZZO MIO SA DI MENTA". Va detto che ormai è un po' vintage, adesso ci sono nuovi raffinati calembours linguistici che hanno soppiantato questo passatempo. Ovviamente tutti di livello altrettanto alto ed elegante.

In che situazioni della vita reale preferiresti avere accanto Cecco piuttosto che qualcun altro?
Oddio, mi ripugna l'idea di fargli un complimento... peraltro abbiamo un amico giornalaio che sicuramente vedrà questo

v da *Kobane Calling*

libro e glielo farà leggere (mortaccitua Mimmo!), quindi mi limiterò a dire che egli ha una particolarità per me insensata: immagazzina tutte le informazioni che sente, anche quelle apparentemente più inutili, e riesce a tirarle fuori all'occorrenza.

Da contro, in che situazioni Cecco è, suo malgrado, completamente inutile?
Come quasi tutte le persone che conosco, raggiunto un certo tasso alcolico non diventano solo inutili, ma pure dannose e impresentabili.

"È capace di ricordare come funziona la digestione di una balena, come sono fatti i fanoni dei diversi tipi di cetaceo, oppure come sono composti i sedimenti delle rocce islandesi. Questo lo rende utilissimo in situazioni imprevedibili, tipo se mai dovessi trovarmi su una baleniera a caccia di Moby Dick."

COME IMMAGINO LA SUA LAPIDE FUTURA

RIDER BE.FANA

/ri·der be·fa·na/
{**1.** Lavora come rider per la società "Be.Fana", volando sulla propria scopa e odiando gli unicorni della Silicon Valley. In compenso porta dolci ai bambini buoni. **2.** Fattorina senza tutele contrattuali. **3.** Non ha più l'età, ma non è colpa sua.}

~prima apparizione:
A Babbo morto (2020)

Quale era da piccolo il tuo rapporto con le figure tipiche delle festività natalizie? Hai particolari motivi di acrimonia nei confronti di Babbo Natale o della Befana?
Quando chiesi a mia madre se esisteva davvero, e lei mi rispose: "Se ci credi esiste, se non ci credi più smette di esistere." Praticamente mi ha condannato a ucciderlo. I miei dubbi ammazzavano il mio Dio. Ho pianto tipo per tre giorni, mortaccisua.
La Befana invece la odiavo perché a tutti i miei amici portava altri giocattoli, a me solo qualche caramella scrausa di quelle che stanno ai bar vicino alla cassa. Quindi mi sembrava stronza e ingiusta.

v da *A babbo morto*

A Babbo morto è un libro solo all'apparenza leggero e divertente, perché in realtà è disseminato di easter egg legati alle lotte di classe. Ce ne vuoi citare alcuni, ora che è passato un paio d'anni?

Eeeeh avoglia! Ci sono il funerale di Nelson Mandela e di Fidel Castro, ci sono i cicli di lotte operaie degli anni Sessanta, l'inasprimento del conflitto e l'insorgere della lotta armata. Il folletto Gaetano si chiama come Gaetano Bresci, l'assassino di Umberto Primo: muore in uno scontro fuori da una fabbrica come negli anni Settanta, ma la data della sua morte e le giustificazioni usate ricordano quelle di Carlo Giuliani a Genova nel 2001. La gambizzazione della renna Rudolph ex nazista riprende gli attentati che faceva la RAF tedesca negli stessi anni agli industriali accusati di aver collaborato con il Reich, mentre il logo del fronte armato folletto ricalca quello dei separatisti baschi dell'ETA, così come i bussolotti per raccogliere denaro sono simili a quelli che si trovavano nelle taverne basche. Gli attentati esplosivi che vengono attribuiti ai folletti sono quelli della strategia della tensione italiana, da Piazza Fontana in poi, e Pasquale Coniglio incarna quel mondo opaco tra neonazismo, servizi segreti, industriali e massoneria, che ha tessuto molte trame della storia di questo Paese.

La morte del giudice che indaga su di lui somiglia, per modalità e per data, all'omicidio del giudice Amato che indagava sull'omicidio di Valerio Verbano, mentre la fine dei folletti, nelle riserve a cucinare metanfetamina, coincide con il triste esito

di molte comunità – come quella nativoamericana – che, dopo aver espresso momenti di lotta e di consapevolezza politica nei decenni passati, adesso fanno i conti con interi settori di popolazione giovanile che hanno perso qualsiasi speranza di riscatto sociale.
Ce ne sono tantissime altre, eh, queste sono solo "l'architrave" del racconto. Ovviamente trattasi di una cosa tutta psicopatica che colgo solo io nella mia testa.

Secondo te, in un Paese come l'Italia, qual è una possibile soluzione per tutelare meglio i lavoratori più difficili da inquadrare? Se ormai abbiamo tutti nel telefono le app per farci portare a casa il sushi o una pizza, non possiamo più definirli "lavoratori anomali", no?
Io non mi azzardo a dare una soluzione perché c'è chi si segue tutte queste vertenze molto più di me, a me viene solo da dire una banalità che vale per tutto il mercato: il fatto che nascano nuovi modelli aziendali che sfuggono ai regolamenti in materia di tassazione, diritti dei lavoratori, eccetera, significa solo che la legislazione deve andare altrettanto veloce, per inquadrare queste situazioni e garantire a chi ci lavora di godere di tutte le conquiste strappate negli anni scorsi, invece di trovarsi schiacciato tra la retorica della modernità e della New Economy da una parte, e la barbarie sociale sregolata dall'altro. Però appunto, è la Coppa Graziearcazzo.

IL GRANDE MALINTESO

SARAH

/sa·rah/
{**1.** Personaggio in grado di dire le scomode verità che la coscienza di Zerocalcare ignora. **2.** Impiegata precaria in attesa del concorso per diventare insegnante, si rivela un faro morale importantissimo sia per l'autore sia per il personaggio. **3.** Quando finisce la pazienza, si salvi chi può.}

~prima apparizione:
Un polpo alla gola (2012)

Cominciamo dalle basi: Sarah è un personaggio basato su una personalità precisa, o è un personaggio "di sintesi" come Secco e Blanka?
Sarah, personaggio complessissimo: nasce da una personalità precisa, e mantiene alcune caratteristiche biografiche di quella persona. Poi però, per motivi narrativi, sia di "continuity" sia per non creare una serie di personaggi simili, ha fatto sue alcune vicende e caratteristiche di altre persone a me vicine, diventando quindi un patchwork di vite.

v da *Macerie prime*

∨ da *Scheletri*

Ormai è un personaggio importante, nelle tue storie. È più difficile scrivere un personaggio femminile, per te? Come ti regoli?

Per *Un polpo alla gola* ho quasi rinunciato a scriverlo, nel senso che inizialmente volevo darle un peso narrativo molto importante, farla parlare con le sue voci interiori, ma mi sono reso conto che non conoscevo i pensieri intimi di una ragazza... per di più in varie fasi della sua vita. Avrei sicuramente riportato una serie di stereotipi di cui magari ero pure convinto. Così ho preferito soprassedere. In *Macerie prime* invece era proprio importante, quindi sono andato dalla diretta interessata e ho iniziato a farle domande, a prendere appunti su un taccuino, per fare in modo che il personaggio parlasse con le stesse parole della persona a cui era ispirato. Ovviamente poi ho rimaneggiato, cambiato, adattato, ma ho cercato di mantenere quell'impronta. A volte mi viene da scriverlo in automatico, ma sto imparando che è sempre meglio fermarmi e andare a chiedere. Perché da quel confronto il personaggio ne esce sempre arricchito di spessore.

∧ da *Macerie prime - Sei mesi dopo*

È DIFFICILE SCRIVERE UN PERSONAGGIO FEMMINILE?

(O DI QUANDO SARAH PRENDE IN MANO UN MIO LIBRO.)

Da adolescente avevi una migliore amica?

Sì, in realtà ne avevo tre. Eravamo abbastanza inseparabili, al punto che almeno due miei pestaggi fondativi, quelli che ti cambiano per sempre da quante botte hai preso, sono avvenuti in loro presenza. Però non ero uno di quelli che aveva solo amiche femmine, eh, stavo in una classe di quasi tutte femmine e quindi per forza di cose eravamo amici, ma avevo pure amici maschi con cui sfogare il mio lato cretino e testosteronico.

^ da *Un polpo alla gola*

A che età hai imparato che potevi aprirti anche con le ragazze, e non solo con i tuoi coetanei maschi?

Mmm. Secondo me nella post adolescenza. Nel senso che in adolescenza avevo quelle tre amiche, ma c'era sempre qualcosa di non detto, una sorta di vergogna e di freno che non mi lasciava mai essere completamente me stesso (cioè un "cojone"). Erano persone a cui volevo molto bene, ma con cui avvertivo sempre una sorta di pressione, legata alla nostra irriducibile differenza. Intorno ai 18-20 anni invece ho cominciato a rilassarmi e a vivere quei rapporti con più spontaneità. Suppongo sia il periodo in cui si iniziano a regolare gli ormoni e uno riesce vedere le cose con un po' più di lucidità.

Stando a come racconti Sarah, nella tua esperienza le ragazze sono mediamente più "sagge" dei maschi, in adolescenza?
In realtà non credo si tratti di saggezza oggettiva, nel senso che durante l'adolescenza le persone che conosco erano quasi tutte un macello, a prescindere dal sesso... però erano stupide in modo diverso. Le ragazze non avevano questo bisogno di dimostrare qualcosa tra di loro, di farsi vedere tutte d'un pezzo con le loro amiche... insomma, c'era meno ostentazione di quel tipo di orgoglio. Poi magari con i genitori erano pure peggio, oppure avevano altre dinamiche, ma ricordo che quello che facevamo noi era qualcosa per cui ci guardavano veramente come se fossimo stati gli scimmioni di *2001: Odissea nello spazio.* Ma peggio.

Nelle tue storie Sarah è sempre stata saggia, ma ti viene in mente una volta in cui, molto indietro nel tempo, ha fatto una clamorosa cazzata che si possa più o meno raccontare?
Allora, cazzate vere e proprie no. Semmai posso averla vista vacillare quando la vita l'ha messa di fronte al fatto che, nonostante la saggezza e il suo essere dalla parte del giusto, il bene non sempre ti torna indietro. L'ho vista demoralizzata e destabilizzata, e sono i momenti in cui uno dice o fa cose di cui poi si pente. Però cazzate vere e proprie no.
La Sarah-bambina, però, una volta all'asilo ha fatto una cosa che ha incrinato per alcuni anni la sua autorevolezza ai miei occhi. Eravamo tutti seduti per terra, davanti a noi c'era una bambina grossissima e, piegata com'era, le si vedeva la parte superiore dello spacco delle chiappe, e Sarah ci infilò una matita.

NON ERANO PIÙ SAGGE. ERANO UN PO' MENO SCIMMIE.

"L'armadillo mi dice solo cose che già so: è la mia coscienza, mi dice cose che conosco, ma che non voglio accettare. Invece Sarah dice effettivamente le cose che mi sono esterne. È uno sguardo diverso e più lucido sulla mia vita, che io dall'interno non riesco ad avere."

Mo' mi rendo conto che giudicare con questa severità una matita in mezzo alle chiappe a cinque anni può sembrare un po' rigido, ma per qualche anno ho dovuto fare pace con l'idea che la persona che mi dispensava perle di saggezza aveva infilato una matita tra le chiappe della povera Alessandra.
Mentre lo scrivo mi rendo conto che la risposta breve sarebbe stata: "No, non ha mai fatto clamorose cazzate."

^ da *Un polpo alla gola*

Ha sempre avuto quel ruolo tra il protettivo e "Odio dovertelo dire io, ma..."?
Sì, devo dire che per me queste figure che si sono accollate di farmi da balia nel correggere i miei errori, tirarmi le orecchie, scuotermi quando sprofondavo, sono state veramente degli angeli custodi. Credo di aver imparato il 5% di quello che hanno provato a ficcarmi in testa, ma almeno è servito a farmi arrivare vivo a trentotto anni.

"Ma non ti rendi conto che sei solo un filo d'erba?"
"Che non porti il peso del mondo sulle spalle?"
IO NON L'HO MAI DETTA 'STA COSA.
PERÒ È VERO.
VUOL DIRE CHE LO SAI.
ALLORA PERCHÉ NON LO APPLICHI?
PERCHÉ SEI UN COJONE, ECCO PERCHÉ.
DILLO.
INVECE DI FARMI FA' LA PARTE DELLA SAPUTELLA ROMPICOGLIONI IN MONDOVISIONE.
DILLO.
"SO' UN COJONE".
TACCITUA.

SECCO

/**sec·co**/
{**1.** Personaggio imprescindibile delle storie di Zerocalcare.
Un coacervo di contraddizioni che si tengono miracolosamente in equilibrio.
La sua religione sono le bombe carta. **2.** Giocatore di poker online
professionista e lanciatore di precisione (o no) di bombe carta.
3. Completamente ignaro delle conseguenze delle proprie azioni.}

~prima apparizione:
La profezia dell'armadillo (2012)

Ti ricordi il tuo primo incontro con Secco? Com'è successo, e com'era lui, rispetto a come è adesso?
Il primissimo incontro non lo ricordo. Era amico di un mio amico e aveva iniziato a frequentare la nostra comitiva, ma non ci eravamo mai parlati. Poi un giorno dovevo uscire a cena con una ragazza che mi piaceva, lei portava una sua amica, e io chiesi a Secco di accompagnarmi. Non aveva senso, lo conoscevo appena, eppure mi era sembrata la cosa più naturale del mondo. Per tutta la cena non abbiamo mai rivolto la parola alle ragazze, siamo stati due ore a fare scommesse su chi riusciva a mangiare più salsa piccante, in un vortice di demenza. Il giorno dopo ricevetti un sms da lui, il primo della mia vita: "Pure te sei andato al cesso e hai il buco del culo che è un cerchio di fuoco?" Direi molto simile a com'è adesso.

> la primissima versione di Secco, da una stesura primordiale della *Profezia dell'armadillo* rimasta inedita

Nei primi tempi dicevi che il personaggio di Secco era la sintesi di due tuoi amici, ma poi negli anni ti sei concentrato su una sola persona. È cambiato il modo di ritrarlo, di disegnarlo e farlo muovere, quando è diventato l'avatar di una persona precisa?

Il Secco iniziale è la sintesi di due persone, perché in verità con quello che poi è rimasto come personaggio fisso ci siamo conosciuti solo a diciotto anni, pertanto le parti dell'infanzia e soprattutto quelle legate alla conoscenza del personaggio di Camille nella *Profezia dell'armadillo* erano sempre ispirate a un amico mio che poi ho un po' perso per strada. Di quella persona, però, il Secco-personaggio ha mantenuto una caratteristica fondamentale: il naso aquilino che lo distingue in maniera netta dal personaggio Zerocalcare. Purtroppo, essendo io una pippa a disegnare, ho bisogno di dare al lettore alcuni punti fermi in modo che non si confonda. Il doppio taglio di capelli con la rasatura però ce lo avevano entrambi. Poi man mano che le storie sono andate avanti, concentrandomi sul presente, il personaggio si è identificato definitivamente in quello stolido amante del poker online e delle bombe carta che avevo sotto gli occhi quotidianamente.

< da *Dodici*

> da *Macerie prime - Sei mesi dopo*

COME SAREBBERO I MIEI FUMETTI SE DOVESSI DISEGNARE SECCO COM'È VERAMENTE

Secondo te quali sono i lati del suo carattere che lo rendono così amato dai tuoi lettori?

Vorrei usare questo spazio per insultarlo, perché mi ripugna ammettere che è amato dai lettori, ma credo che in effetti dipenda da questa sorta di purezza derivante dall'essere assolutamente privo di quelle caratteristiche umane come la proiezione nel futuro delle conseguenze delle proprie azioni.
Questo lo rende un personaggio letterario magnifico, nonché una persona con cui è difficilissimo avere a che fare nella vita vera.

Come nasce la fascinazione di Secco per le bombe carta? Sono la sua coperta di Linus, fumettisticamente e umanamente parlando?

La sua fascinazione per i bomboni è prepolitica e preadolescenziale. L'ho conosciuto che era già una sua caratteristica, una specie di cosa genetica. Ci sono i bambini a cui piace disegnare, e quelli a cui piacciono le cose che scoppiano. Quelli che in ogni quartiere sanno sempre dove trovare il petardo più fico, il botto più potente, che c'hanno il cugino più grande a cui sono zompate due dita della mano... Quelle figure che sembrano nate con un bombone in mano.

< da *Dimentica il mio nome*

v da *Macerie prime - Sei mesi dopo*

Secco non è un personaggio particolarmente "politico", nelle tue storie, ma ha sempre con sé gli strumenti per la protesta e l'insurrezione. Come mai questa dicotomia?
Mi tengo sul personaggio letterario, che su quello vero ci addentriamo in territori scivolosi: Secco non è un teorico, ha una nozione molto basilare, ma molto rigida di quello che è giusto e quello che è sbagliato e si muove su quelle coordinate. Se pensa che è giusto fare una cosa, la fa. E se ci sono degli ostacoli, fa in modo di rimuoverli... e gli strumenti di cui dispone per rimuoverli sono quelli. Non lo definirei un maestro della dialettica, ecco.

Ti sei mai trovato a dover contare su questa sua qualità di "guastatore" per uscire da una brutta situazione, nella vita reale, senza dire nulla di penalmente rilevante?
Sì. Molte volte. Secco è una persona su cui si può contare perché se pensa che una cosa è giusta non ha alcuno spirito di autoconservazione o di tutela di se stesso. Quindi non ti volterà mai le spalle, anche a costo di affrontare delle situazioni kamikaze in cui il rischio di tornare a casa dopo aver preso un sacco di botte è altissimo. Poi è anche uno che per queste sue stesse identiche caratteristiche ti fa prendere un sacco di botte quando potresti svicolare in silenzio, eh.

Certi amori
non finiscono

fanno giri immensi
e poi ritornano

Da quando sono uscite *Strappare lungo i bordi* e *Questo mondo non mi renderà cattivo,* la passione di Secco per il gelato è risaputa e data per scontata. Quanto c'è di vero, in questa ossessione alimentare?

Allora, l'ossessione alimentare per il gelato è vera e va avanti da sempre, è una delle sue caratteristiche più antiche e immutabili. Io non lo mangiavo, il gelato, per anni lo accompagnavo e mi prendevo un frullato. Alla fine ho capitolato e controvoglia ho iniziato a nutrirmene pure io.

C'è stata almeno una volta nella vostra lunga frequentazione in cui il "vero Secco" ha anteposto il gelato a qualcosa di imminente, urgente e molto più importante?

Ecco, in verità, per quanto il gelato sia una delle sue ossessioni, la sua vera peculiarità è quella di fissarsi con l'urgenza di un particolare tipo di cibo (che perlopiù è gelato ma non solo, una volta fu la pizza) che deve assumere nel minor tempo possibile in barba a qualsiasi norma di sicurezza o anche solo di sopravvivenza minima. Quindi può avere la necessità assoluta di gelato immediato anche se per ottenerlo bisogna attraversare un quartiere dove ci sono centinaia di persone che aspettano solo di incrociarci per ammazzarci di botte. Oppure fare il diavolo a quattro per avere una pizza anche a costo di mangiarla in un ristorante presidiato da mostri che aspettano solo di accoltellarci. Qualsiasi criterio di valutazione decade di fronte al suo desiderio di cibo, con una noncuranza verso la propria incolumità (e quella di chi deve accompagnarlo) che non ho mai visto in un altro mammifero senziente.

< da *Zerocalcare Animation Art Book*

v da *Dodici*

Davvero c'è chi ti ha chiesto se il gelato fosse un'allusione simbolica alla droga, e secondo te per Secco il gelato è più una droga o una religione?
Sì, per un sacco di gente il gelato di Secco era un espediente perché Netflix mi impedirebbe di citare esplicitamente la cannabis. In realtà Secco non fuma, il gelato rappresenta davvero solo quello: un'ossessione monomaniacale. Per lui non è né una droga né una religione, piuttosto una specie di capriccio dei bambini ma che si svolge senza nessun isterismo: con la calma implacabile della goccia cinese che sa che prima o poi farà traboccare il vaso.

Dici sempre che il vero Secco non ha mai letto i tuoi libri, ma tu rispetti molto la sua figura anche a livello narrativo. Quali sono le storie o situazioni in cui non lo metteresti mai, narrativamente?
In dieci anni ho usato il personaggio di Secco anche in maniera fantasiosa, quando mi serviva una spalla narrativa, facendogli fare cose che non sono successe nella vita vera (una su tutte, combattere gli zombi in *Dodici*...). Però ho sempre cercato di fargli dire o fare cose a cui avevo effettivamente assistito (magari in situazioni differenti), e di non dargli mai dei ruoli antitetici alla personalità o alla biografia del vero Secco.
Va anche detto che, non leggendo nessuna delle mie cose, lui non lo saprebbe mai.

RAPPRESENTAZIONE GRAFICA DI COME FUNZIONA IL CERVELLO DI SECCO

Chi di voi due aveva più influenza sull'altro, quando eravate ragazzini?
Lui su di me, purtroppo. Niente e nessuno può avere influenza su Secco, egli è completamente impermeabile al mondo esterno, ed è sempre stato così. Non credo di avergli mai fatto cambiare idea su nulla. In cambio, io da ragazzino mi sono comprato i jeans come i suoi, le magliette come le sue… insomma, per un po' l'ho preso come style coach. A parte la questione stilistica, però, credo che abbiamo sempre avuto caratteri abbastanza complementari, non ci siamo mai trasformati in fotocopie l'uno dell'altro.

^ da *Un polpo alla gola*

Se un Secco adolescente avesse visto come tu lo avresti trasferito su carta (e su schermo), cosa ne avrebbe pensato?
Credo non gliene sarebbe fregato un cazzo. Non è che fosse particolarmente attento o interessato a queste cose allora, come non lo è adesso. Non ha nemmeno quel minimo di egocentrismo che ti dovrebbe spingere a leggere le cose che parlano di te. Però va detto che, nonostante io lo insulti in ogni modo, ho cercato di preservare i suoi fondamentali. Non scappa, non fa la spia, non si capisce quando parla. La sua essenza è sempre stata questa e sempre lo sarà.

Ora che ha un figlio anche nelle tue storie, pensi che il suo ruolo nella dinamica delle trame cambierà?

Questo lo scoprirò solo vedendo come cambierà lui nella sua veste paterna. Credo che far evolvere il personaggio insieme alla persona vera gli possa solo dare spessore. Per ora non mi pare che abbia abdicato a nessuna delle sue peculiarità...

È cambiato in qualcosa di fondamentale, negli anni?

Onestamente, mi pare che si sia in parte pacificato. Secco è una delle persone che ha fatto il maggior numero di cose sceme in adolescenza che mi vengono in mente. Non cose brutte, eh, non è che ha compiuto chissà quali nefandezze... ma, come tutte le persone che non hanno alcuno spirito di autoconservazione, se c'era da fare una cosa stupida lui ci stava sempre, di default. Poi magari finiva tutto in un nulla di fatto, ma lui se c'era da provarci ci stava sempre. Non bisognava nemmeno domandarlo. Adesso è ancora disponibile a fare qualcosa di molto stupido, ma deve avere la garanzia che succederà. Prima se gli dicevi: "Oh, vieni che magari succede qualcosa di stupido", lui veniva, perché non voleva perdersela nel caso in cui fosse successo. Adesso vuole la certezza che succederà, per uscire di casa.

COM'È CAMBIATO SECCO NEGLI ANNI

v da *Un polpo alla gola*

A che punto della sua giovinezza ha cominciato a dimostrare quella famosa indifferenza verso le conseguenze delle proprie azioni?

Da sempre. I racconti di lui poco più che infante, quando ancora non lo conoscevo, lo dimostrano chiaramente. Purtroppo non posso riportarli perché comprendono vari reati che, seppur prescritti, potrebbero rappresentare un ostacolo nell'eventuale ricerca di un impiego. Credo che per i ragazzini questa condizione sia abbastanza diffusa. Però, poi normalmente a un certo punto subentra la paura della morte, il ricordo del dolore provato in conseguenza di una certa azione. E quell'esperienza modella il nostro comportamento, automaticamente tendiamo a evitare di riprodurre ciò che ci ha portato guai. Per Secco semplicemente questo passaggio non è mai avvenuto.

"PICCOLO SECCO, COSA VUOI FARE DA GRANDE?"
FARE SCOPPIÀ LE COSE.
AHAH.
CHE SAGOMA.
DANNATO TEPPISTELLO.
VABBÈ.
CRESCENDO CAMBIERÀ.
RIPENSEREMO A QUESTE RISPOSTE E RIDEREMO.
DIAVOLO D'UN SECCO.
TUTTE LE PERSONE CHE PRONUNCIAVANO QUESTE PAROLE SONO MORTE DI VECCHIAIA.
E LUI ANCORA FA SCOPPIÀ LE COSE.

SIGNOR PANATTA

/si·gnor pa·nat·ta/
{**1.** Protagonista di una delle scene più iconiche de *La profezia dell'armadillo*, è l'incarnazione dei problemi di convivenza condominiale.
2. Pensionato con udito insolitamente fine. **3.** Lamentoso e polemico.}

~prima apparizione:
La profezia dell'armadillo (2012)

v da *La profezia dell'armadillo*

È davvero esistito un Signor Panatta? In che anni avete abitato lo stesso stabile, e come ti ha fatto sapere di esserti ostile?
È esistito due case fa, ed è andata esattamente come raccontato. Abitava al piano di sotto, io ero convinto che avessimo un grande rapporto, gli tenevo sempre la porta, ci salutavamo sorridendo, a quei tempi ero convinto di essere il vicino di casa ideale. Cortese, basso profilo, mi faccio i cazzi miei, ma disponibile. Poi un giorno, dal nulla, mentre lo salutavo benevolo, è sbottato e mi ha vomitato addosso anni di livore represso, farfugliando che io pattinavo in casa a tutte le ore del giorno e

della notte. Se me lo avesse detto prima avrei messo un tappeto, che cazzo ne so, che bisogno c'era di fare finta di niente per due anni e poi fare 'sta scena da matto? Quindi adesso lo odio anche io. Anche se è morto, ormai, continuo a odiarlo.

^ da *Ogni maledetto lunedì su due*

Come inquilino di un condominio, sei di quelli che "Salutava sempre!" o tendenzialmente ti fai i fatti tuoi e a stento saluti se incontri qualcuno che abita nel tuo stesso palazzo? E c'è qualcuno lì che sa che sei famoso?

Io sono uno che saluta, ma si fa i cazzi suoi, non sono Maria Impiccetta. Ho sempre abitato in palazzi dove la gente manco salutava, anzi manco ti guardava, quindi a un certo punto mi ero adeguato. Poi con la pandemia e la TV hanno scoperto il lavoro che faccio e ora vige il terrore di ritrovarsi in una delle storie, quindi sono diventati tutti gentili. Dove per gentilezza intendo che ti salutano se ti incontrano per le scale.

v da *La profezia dell'armadillo*

Secondo te il condominio è una versione in miniatura del quartiere? Si creano le stesse dinamiche, le stesse inimicizie, la gente si incattivisce per cose di nessuna importanza solo perché toccano il modo di vivere a casa loro, che per gli italiani è sacro e intoccabile?
Fino a un certo punto, nel senso che i condomini di solito sono più omogenei del quartiere, che invece è un amalgama di realtà veramente molto diverse tra loro. Noi non siamo tantissimi, non ci stanno assassini tagliagole e manco situazioni particolarmente limite, quindi pure gli screzi o le idiosincrasie non toccano mai vette particolarmente efferate, almeno non tra di noi. Ovviamente ci sta tutto il teatrino dei caratteri italiani, però, ecco, non è che ci prendiamo a bastonate nell'androne. Cosa che invece potrebbe succedere un metro oltre il cancello.

Ti manca mai, il Signor Panatta. Siete rimasti in contatto?
No, perché è morto. Ma non versai mezza lacrima, maledetto vecchio ingrato... sbroccarmi così dopo che gli ho tenuto la porta per due anni... e tenere la porta a uno claudicante che cammina come un bradipo pieno di Xanax era veramente un gesto carino.

TE LO GIURO GESUALDO.
AMORE MIO.
IO TI VENDICHERÒ.
L'EMPIA BESTIA BIASCICANTE E PATTINANTE PAGHERÀ.
PER IL SONNO CHE TI HA TOLTO -
VRR- VRR...
E PERCHÉ CONTINUA A VILIPENDERE IL TUO RICORDO.
IL NOME PANATTA SARÀ L'ULTIMA COSA CHE SENTIRÀ PRIMA DI AFFOGARE NEL SANGUE.
STANNERDA.

STELLA

/stel·la/

{**1.** Operatrice sociale la cui genesi è dovuta a una gag visiva: Stella indossa spesso l'abito di una "famosa guerriera che veste alla marinara".
2. Sopporta Sarah nei momenti peggiori.
3. Paziente, concreta ma anche pressapochista.}

~prima apparizione:
Ogni maledetto lunedì su due (2013)

Stella è nata quasi per scherzo, ma si è ritagliata in qualche anno un suo ruolo ben preciso. In che modo è il contraltare di Sarah?
Il personaggio di Sarah non ha mai fatto della propria sessualità la sua cifra identitaria, è qualcosa su cui non pone mai l'accento. Mi piaceva l'idea di affiancarle qualcuno che invece affermasse certe cose in maniera più "militante". Per questo Stella ha le fattezze di Sailor Uranus, che è stato il primo personaggio omosessuale nella cultura popolare per bambini che io abbia mai incontrato. Come Sarah, anche Stella si ispira a una persona vera: all'inizio mi serviva per descrivere le dinamiche di coppia più caricaturali, sugli infiniti tira e molla nelle relazioni. Poi andando avanti è diventata più costante e ha assunto un ruolo diverso e molto più impegnativo: diventare l'affetto stabile di un personaggio complesso e con un carattere forte come quello di Sarah.

> da *La scuola di pizze in faccia del professor Calcare*

“Mi piace raccontare le dinamiche di quelle coppie in cui l’identità (in generale non solo quella sessuale), pur essendo la stessa per entrambi i partner, è vissuta diversamente: politicamente per uno/a, privatamente per l’altro/a.”

Rispetto a Sarah, a lei hai dato un ruolo più da attivista e più assertivo sulla propria sessualità. Come mai?
Mi piaceva l’idea di affiancarle qualcuno che, diversamente da lei, affermasse certe cose in maniera più proattiva. Proprio perché, come Sarah, anche Stella si ispira a una persona reale, che ha trovato il suo modo di vivere una condizione tutt’altro che semplice nel contesto da cui proviene.

^ da *Macerie prime - Sei mesi dopo*

Immagino che, se nessuno si stupisce che tu sia amico di un cinghiale bipede, il fatto che Stella vesta in quel modo non sia motivo di particolare turbamento. Qual è stato il tuo approccio con quella serie animata, da ragazzo?
Confuso. È arrivata a cavallo della Grande Separazione dei Sessi della pubertà, quindi appena è comparsa era qualcosa che ancora potevamo guardare senza nasconderci, ma nel giro di pochi mesi la scure divisoria si abbatté sulla nostra sfera pubblica e *Sailor Moon* diventò UNCARTONEDAFEMMINE.

Ho continuato quindi a guardarlo in segreto, peraltro innamorandomi di Sailor Venus, che incarnava tutti gli stereotipi e i canoni di bellezza del mainstream anni '90.

Ti hanno chiesto di disegnare te stesso con quello stesso vestiario almeno un centinaio di volte, ai firmacopie. Secondo te qual è la percentuale di persone ironiche, feticisti e persone che provano un certo sadico gusto a guardarti mentre accontenti la loro richiesta?

Credo che l'aver attraversato la pubertà con *Sailor Moon* abbia incasinato la testa a tanti della mia generazione in modi che purtroppo non ho gli strumenti per sondare. Non riesco a trovare una spiegazione diversa per tutti quelli che bramano un disegno di me vestito alla marinaretta, onestamente.

COSA CI TROVAVAMO IN SAILOR MOON?

VECCHIO DELLE MACERIE

/vec·chio del·le ma·ce·rie/
{**1.** Vive nel mondo delle macerie. La sua battaglia interiore tra saggezza e tempo che passa è senza esclusione di colpi. **2.** Memoria storica. **3.** Di salute cagionevole.}

~prima apparizione:
Macerie prime (2017)

Si può imparare a sopravvivere nel Mondo delle macerie? Cioè, non solo a reagire a quanto ci è successo, ma a farci una ragione di aver distrutto i sogni e le speranze di almeno due generazioni?
Secondo me noi abbiamo difficoltà a sopravvivere in quel mondo, e ce l'avremo sempre. Al netto di persone che possono avere svoltato ed essersi collocate con soddisfazione, io penso che siamo proprio una generazione di mezzo che i suoi anni migliori li ha spesi a cercare di capire cosa cazzo stava succedendo. Chi è venuto prima era già stabile, chi è venuto dopo è antropologicamente attrezzato al disastro. Noi siamo l'anello di congiunzione.

v da *Macerie prime*

In *Macerie prime - Sei mesi dopo* riveli che il Vecchio delle macerie è in realtà un personaggio legato alla tua infanzia. Chi è e perché?

È Julian Ross di *Holly e Benji,* perché mi pareva il personaggio giusto per rappresentare quel passaggio. Julian Ross è la spensieratezza e la tragedia. Calciatore fortissimo del cartone della nostra infanzia, a un certo punto il suo dramma precede quello delle nostre vite. Malato di cuore, infarta in campo, si rende conto che non potrà più giocare. Lo fa lo stesso, rischiando la vita, ma poi deve smettere mentre tutti gli altri vanno avanti. Lui è il primo che ha dovuto fare i conti con il drastico ridimensionamento delle proprie aspettative.

∧ da *Macerie prime - Sei mesi dopo*

C'è un simbolismo nascosto che vuole suggerirci che forse solo i punti di riferimento che avevamo da piccoli possono ancorarci alla speranza residua, dopo che tutto è crollato e tutti ci hanno delusi o traditi?

Diciamo che ci sono dei simboli e dei valori con cui siamo cresciuti e a cui siamo affezionati ancora adesso, di cui ci riempiamo la bocca quando parliamo di nostalgia, che però non trovano alcun riscontro nel modo in cui viviamo. Cioè, a voler essere letterali: se si trovasse in un cartone degli anni '80, la maggior parte di noi sarebbe uno dei cattivi o quantomeno uno degli ignavi... me compreso, eh. Ora, io non voglio dire che tutti devono vivere all'altezza degli insegnamenti di Sirio il dragone che si cieca gli occhi ogni tre puntate, però almeno tendere verso un orizzonte ideale segnato dai nostri eroi dell'infanzia in effetti sarebbe una cosa bella.

^ da *Macerie prime - Sei mesi dopo*

Ma secondo te il Vecchio spera che dalle macerie ricostruiremo, o vuole solo insegnarci come arrivare vivi all'alba di domani?

Non ricostruiremo noi, ricostruiranno i pischelli. Il Vecchio vuole solo tramandare alcuni saperi antichi che possono tornare utili alle nuove generazioni, una specie di fuoco che cerca di tenere acceso e disponibile per le generazioni successive.

JULIAN ROSS, SE SOLO POTESSI PARLARTI

NON SI AGITI SIGNOR ROSS, È CARDIOPATICO

VOLPE

/vol·pe/
{**1.** Uno dei personaggi "simbolici" creati da Zerocalcare che più sono rimasti nell'immaginario dei suoi lettori. Impossibile da ingabbiare, si nutre di libertà e lotta costantemente contro la società del controllo. **2.** C'è sempre quando ne hai bisogno. **3.** Ti metterà nei guai.}

~prima apparizione:
Dimentica il mio nome (2014)

Quando hai deciso di raccontare una versione romanzata della vita di tua nonna, come hai deciso di affidare uno dei ruoli chiave proprio a una volpe?
La storia di mia nonna, e ancor di più di suo marito e delle persone che aveva incontrato, era una storia di finte identità, di vite rocambolesche in bilico tra legalità e illegalità, di inganni e di sotterfugi.
In molte culture, le volpi rappresentano esattamente questo: sono gli animali della furbizia nelle favole di Esopo e La Fontaine, gli spiriti truffaldini nella tradizione giapponese... insomma, portano con sé una connotazione che le rende immediatamente associabili al mondo che volevo raccontare. Non una realtà cattiva, ma ambigua.

^ da *Dimentica il mio nome*

La volpe è apparsa in una delle tue storie più personali, ma si tratta anche di un personaggio metaforico, incapace di sottoporsi alle regole della società del controllo. Era un messaggio che pensavi fin dall'inizio di veicolare in quel libro, o si è aggiunto in corso d'opera?

Appena ho conosciuto la vera storia di mia nonna, mi sono reso conto di come fosse indissolubilmente legata a un tempo, quello del dopoguerra, in cui le maglie del controllo erano decisamente più larghe. Niente internet, niente database digitali, le persone vivevano in una realtà in cui era oggettivamente molto più semplice tagliare radicalmente con il passato e con la propria identità, e ricominciare una vita da zero.
Io non dico che bisogna tornare indietro, non è che sono un luddista matto, ma volevo condividere con i lettori il dubbio che forse continuare a cedere porzioni così importanti della nostra libertà potenziale, della nostra possibilità di avere un segreto, in cambio della comodità e della tranquillità, non è affatto qualcosa di neutro o di scontato. E la storia di mia nonna era l'esempio perfetto.

"Il progresso tecnologico ci ha fornito tantissimi vantaggi, che ormai consideriamo indispensabili, ma ha avuto un prezzo che spesso non vediamo perché pensiamo che non riguardi le nostre vite."

^ da *Dimentica il mio nome*

Per quanto tu ne abbia fatto un uso simbolico, la volpe, come animale, era anche una presenza reale, nel tuo rapporto con la nonna, quando eri piccolo. Ti va di raccontare ai lettori perché?
Da ragazzino ero ossessionato dallo zoo. Ero troppo piccolo per accorgermi del fatto che erano bestie macilente con l'alopecia che giravano in tondo piene di psicofarmaci in gabbie troppo piccole, per me era semplicemente il posto più bello del mondo. Il lunedì era il giorno in cui stavo con mia nonna, e tutte le volte la costringevo a portarmi allo zoo. E lì passavamo un sacco di tempo davanti alla gabbia della volpe, che era in assoluto la mia tappa preferita. Io ero convinto di avere un rapporto speciale con quella volpe per un motivo che andava oltre la mitomania infantile. Mentre gli altri bambini al massimo le tiravano le noccioline, quindi erano oggettivamente poco attraenti per l'animale, io e mia nonna gli portavamo il pollo da casa. Ogni lunedì. Adesso mi sa che ci arresterebbero.

^ da *Dimentica il mio nome*

È passato quasi un decennio dagli eventi che ti hanno portato a pensare alla storia di *Dimentica il mio nome*. Se potessi tornare indietro nel tempo e parlare al te tardo adolescente, diciamo quello dell'epoca di *Scheletri,* gli diresti di fare qualcosa diversamente, in merito al rapporto con tua nonna?
Gli direi di cogliere i segnali, di chiedere più cose, di attingere il più possibile alla ricchezza di quella biografia che andava molto oltre a quello che mi ero accontentato di sapere. E di essere meno spocchioso, che in quanto a ribellione e illegalità lei mi magnava in testa.

* OH, LO SO, CHE NON BISOGNA DIRE NÉ "ZINGARI" NÉ "CLANDESTINI", SI CHIAMANO ROM E PERSONE SENZA DOCUMENTI REGOLARI. MA LA GENTE CHE MI SCRIVE CONTINUA A USÀ 'STE PAROLE E MI RIFIUTO DI DIPINGERLI COME DEI LUMINARI DEL LINGUAGGIO INCLUSIVO –

EPILOGO

...INSOMMA PERCHÉ ME LO DEVO COMPRA'?
BE'.
COME SAI È LA LEGGE.
MICA LA FACCIO IO.
È COSÌ.
L'HA PROCLAMATA L'ALTISSIMO VENDITORE NELL'EDITTO DEL 2011.
COMPRA
L'INIZIO DEL SUO REGNO DI TERRORE.
"È FATTO OBBLIGO AL CITTADINO DI ACQUISTARE OGNI PRODOTTO TARGATO ZEROCALCARE DI QUALSIVOGLIA NATURA".
SEMPRE E COMUNQUE.
MA IL TEST DI GRAVIDANZA EQUINA DELL'AMICO CINGHIALE LO DEVO PROPRIO PRENDERE..?
IO MAI AVUTI RAPPORTI CON CAVALLI...
HO UNDICI ANNI...
NON È CHE POTRE
ZITTO, RAGAZZINO.
LO SAI COME FUNZIONA.
SE TI SAI PULIRE IL CULO DA SOLO, DEVI COMPRARE.

DA ALLORA TUTTI ABBIAMO DOVUTO FARE DEI SACRIFICI.
SCUSA, TESORO.
DA OGGI DORMI NEL CASSETTO.
PURTROPPO NELLA TUA CAMERETTA TUTTO LO SPAZIO È OCCUPATO DA QUEI PUPAZZETTI
È BRUTTO, LO SO.
UN CLIMA PLUMBEO DI PARANOIA E DIFFIDENZA PERVADE TUTTI.
SÌ, ERA UNA BELLA FESTA.
MA...
QUANDO SONO ANDATA IN BAGNO, HO VISTO LO SCAFFALE COI LIBRI...
E NON VORREI SBAGLIARMI, MA...
NON C'ERA LA RISTAMPA CON COPERTINA RIGIDA DEL POLPO ALLA GOLA.
SSHHH.
ABBASSA LA VOCE.
È UN'ACCUSA PESANTE.
NON NE PARLIAMO ORA.
NON COI TELEFONI ADDOSSO.
NESSUNO È PIÙ AL SICURO. NEPPURE A CASA PROPRIA.
COM'È ANDATA OGGI A SCUOLA, BESTIOLA?
HO PRESO UNA NOTA.
HO USATO LA PAROLA "IMPEGNO". INVECE DI "ACCOLLO".
LA MAESTRA DICE CHE È PERCHÉ IN CASA SIAMO POCO DEVOTI.

OH, NO, AMORE! COSA TI AVEVO DETTO? DEVI SEMPR
SBROOM
TUTTI A TERRA!!!
LE MILIZIE-ARMADILLO HANNO OCCHI E ORECCHIE OVUNQUE.
PANCIA A TERRA E MANI SULLA TESTA!!!
DOV'È LA LIBRERIA!
DOV'È LA CAZZO DI LIBRERIA!
IN CORRIDOIO!
IN CORRIDOIO!
MA PER L'AMOR DI DIO.
NON FATE MALE AL BAMBINO!
UHM.
MANCANO DUE LIBRI.
LI HO PRESTATI! LI HO PRESTATI!
SE-VEDERE SCONTRINI.
MA SONO VECCHI DI DIECI ANNI
PORTATELI A POTENZA.
SPERO TI PIACCIA IL FREDDO 'NCULO E L'ARCHITETTURA ANONIMA.

A POTENZA. DOVE ACCADONO COSE CHE LA GENTE SUSSURRA SOLTANTO.
GLI UOMINI AMMASSATI COME BESTIE AL GELO.
PER IL SOLO CRIMINE DI ESSERE STATI INADEMPIENTI.
LE TESTE RASATE PER ANNULLARLI COME INDIVIDUI.
VRRRRR
E NON RASATE COMPLETAMENTE.
RASATE A MO' DI STEMPIATURA.
PERCHÉ LA LORO CHIOMA OFFENDE L'ALTISSIMO VENDITORE.
VE FAMO PURE LA CHIERICA DIETRO, CAPELLONI PEZZIDEMMERDA.
E CHI ANCORA NON SI PIEGA, ASSAGGIA LE MANIERE FORTI.
"IL GIOCO DEL SECCHIO", LO CHIAMANO GLI AGUZZINI.

"PLUMCAKEBOARDING", PER IL TRIBUNALE DELL'AIA.
VIETATO DA TUTTE LE CONVENZIONI INTERNAZIONALI.
HAI PRESENTE QUANTO TI ALLAPPA UN PLUMCAKE SENZA LATTE?
ALLORA TI PIACCIONO QUELLI DEL TODIS, BASTARDO?
IMMAGINA CENTO PLUMCAKE.
NEL NASO NELLA BOCCA NEGLI OCCHI.
INTEGRALI.
UN MONDO ORRIBILE E SPIETATO.
QUINDI, CARA AMICA, VORREI DIRTI CHE È PER QUESTO MOTIVO CHE DEVI COMPRARE 'STO LIBRO.
PERCHÉ È L'UNICO MODO PER FARLA FRANCA.
MA INVECE NON TE LO DICO.
E SAI PERCHÉ?
PERCHÉ NON VIVIAMO IN QUEL MONDO E TU NON TI DEVI COMPRÀ UN CAZZO.
È UN FUMETTO, NO UN GENERE DI PRIMA NECESSITÀ.
NON TE COSTRINGE NESSUNO.
SE TE VA TE LO COMPRI, SENNÒ NO E AMEN.
SENZA CHE ME ROMPI IL CAZZO A ME.
...OOOOOK.
... STAI SERENO, PERÒ...
ERA UN MODO DI DIRE.
FATTE 'NA SUPPOSTA DE CAMOMILLA.
TE LA STAI A VIVE MALE, EH?
SI CAPISCE TANTO?
È CHE ME CACANO SEMPRE IL CAZZO TUTTI.
E SE TE DICO IL MOTIVO INTIMO NON VA BENE.
E SE DICO FAI COME CAZZO TE PARE NON VA BENE.
NON VA BENE UN CAZZO.

CHE POI È TUTTO QUELLO CHE C'È DA DIRE SUI FUMETTI, SEMPRE.

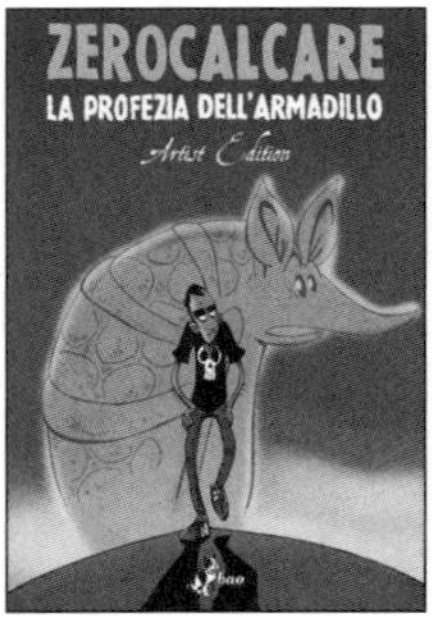

Zerocalcare è uno degli autori più amati e acclamati del panorama fumettistico italiano e internazionale. I suoi libri, editi da BAO Publishing, vantano numerose ristampe ed edizioni in tutto il mondo: ***La profezia dell'armadillo, Un polpo alla gola, Ogni maledetto lunedì (su due), Dodici, L'elenco telefonico degli accolli, Dimentica il mio nome, Kobane Calling, Macerie prime, La scuola di pizze in faccia del professor Calcare, Scheletri, A Babbo morto, No sleep till Shengal*** raccontano le paure di un'intera generazione. Negli ultimi anni gli sono state dedicate due personali (i cui cataloghi ***Scavare fossati, Nutrire coccodrilli*** e ***Dopo il botto*** sono stati pubblicati da BAO Publishing) e ha realizzato due serie animate targate Netflix (***Strappare lungo i bordi*** e ***Questo mondo non mi renderà cattivo***) che hanno ottenuto grande riscontro di pubblico e critica e il cui processo creativo viene raccontato nel libro ***Zerocalcare Animation Art Book.***

ZEROCALCARE
MACERIE PRIME
sei mesi dopo

ZEROCALCARE
Scavare fossati - nutrire coccodrilli

ZEROCALCARE
LA SCUOLA DI PIZZE IN FACCIA del professor Calcare

ZEROCALCARE
SCHELETRI
PSM

ZEROCALCARE
A Babbo morto
Una storia di Natale

ZEROCALCARE
NIENTE DI NUOVO SUL FRONTE DI
REBIBBIA

ZEROCALCARE
NO SLEEP TILL SHENGAL

ZEROCALCARE
Dopo il botto

ZEROCALCARE
ANIMATION
Art Book

MA HAI SUPERATO LA SOGLIA CRITICA! NON SI PUÒ PIÙ PULIRE ORMAI!
BRUCIARE, MAGARI. MA POI CAPACE CHE I VICINI TI FANNO STORIE.
NON RESTA CHE ABBANDONARE TUTTO E RIPARTIRE DA ZERO!

L'intervista che avete letto, suddivisa nelle voci di questa "enciclopedia", è stata realizzata nel corso di due anni e mezzo ed è apparsa, serializzata in settanta dispense, a corredo delle uscite della *Zerocalcare 3D Collection,* la collezione di miniature dipinte realizzata da Centauria e raffigurante un'ampia sezione del cast dei fumetti di Zerocalcare. I testi sono stati uniformati per chiarezza e per adeguarli al tempo presente, tranne nelle istanze in cui l'autore indica la propria età, che è rimasta quella di quando ha risposto alle singole domande.

Questo materiale esiste grazie alla pazienza, alla perizia e alla professionalità della redazione di Centauria, che ringraziamo. Un ringraziamento particolare a Marcello H. Giani, lungimirante fautore della *Collection* stessa.
La presente edizione invece è frutto dell'abilità grafica di Sara Bottaini, coadiuvata dal meticoloso lavoro di selezione ed editing di Francesco Savino.

Le risposte alle domande di queste pagine sono state scritte e inviate da molteplici luoghi, spesso subito prima di salire su un aereo, o da un treno diretto verso qualche evento. Sono una fotografia candida degli stati d'animo e delle opinioni dell'autore, che ringraziamo per averci concesso di riproporle qui.

Gli editori